岩波現代全書
109

日本人記者の観た赤いロシア

GendaIzensho
岩波現代全書
109

日本人記者の観た赤いロシア

富田 武
Takeshi Tomita

はじめに

本書の問題意識

ロシア革命一〇〇年に当り、当時の日本のジャーナリストがどう報道し、知識人や社会主義者がいかに受けとめたかを振り返り、ソ連解体で関心が失われた革命の日本社会に与えた影響や日本にとっての意味を考える素材を提供する。

なぜジャーナリスト＝新聞記者かと言えば、ソヴィエト国家は外国貿易・投資や文化交流、そして駐在外交官の活動を制限していたため、新聞記者だけが共産党・政府指導者と接触し、社会を観察し、本国に報道する相対的な自由を許されていたからである。

むろん、この自由の程度はソ連を取り巻く情勢に応じて変化し、内戦・干渉戦争期には取材はスパイと見なされがちであった。しかし、国家統制がやや緩やかだったネップ(新経済政策)期はむろん、続くスターリン独裁が確立した五カ年計画の時期も「自力での工業化」を宣伝し、大恐慌下の資本主義への優位性を示すために、比較的自由な報道をさせた。むろん、一九三〇年代後半のテロル(恐怖政治)期には党幹部の「公開裁判」の報道は許されても、収容所や強制労働の取材は禁止された。

ナチ・ドイツとの「大祖国戦争」が始まるとモスクワから本国への記事電送がソ連情報局の検閲

下に置かれ、親ドイツ的・反ソ連的な報道は厳しくチェックされた。しかも、モスクワからの送信記事が日本の本社では反ドイツ的だとして修正され、戦局がソ連不利であるかのように報道された。

報道の受け手は、今日のような一般大衆ではなく、公衆とも言うべき相対的に知的な階層だったことに留意すべきである。一般新聞の読者数はロシア革命時に最大部数の新聞で一〇万程度、一九三〇年代後半でも五〇万に満たなかった。ロシア革命の日本人に対する影響として伝説的に語り継がれてきたエピソードがある。「オイ小僧共、心配するな、お前達でも天下は取れるんだ！　総理大臣にでもなれるのだ！」と大衆の中で語られたとされる一文は、実は友愛会機関誌（一九一八年一〇月）への読者投稿ではなく、編集部員の作品であった。

戦前、日本は天皇制国家であり、社会主義思想及び運動は治安警察法、ついで治安維持法により厳しい弾圧を受けていた。報道側にも天皇問題をはじめタブーがあり（一九一八年の「白虹事件」、後述）、満洲事変以降は「皇軍」「聖戦」表現を用い、軍部の御用新聞と化した。

実は、ロシア革命後の日本の世論は「反共対親共」に二分されていたのではなく、支配層内部に「反共容ソ」（共産主義思想は排撃するが、現に存在するソ連国家とは付き合う）の潮流があった。日露協会（後藤新平、斎藤実が会頭）や戦後は日ソ協会（鳩山一郎ら）がそれであり、それぞれ親米英外交や対米追随外交をチェックする対抗勢力だった。非共産党の社会主義者もこれに含まれ、同調するジャーナリストも少なくなかった。

しかも、世界恐慌に直面して知識人は計画経済を高く評価し、軍部統制派や満洲国官僚はソ連の五カ年計画をモデルとさえした。学界では、ロシア革命後に導入されたマルクス主義の概念や方法が経済学や歴史学において卓越した地位を占めるようになった（岩波書店「日本資本主義発達史講座」に拠った講座派）。このようにロシア革命と社会主義は、結成された日本共産党の勢力の小ささに比して、はるかに大きな影響を日本の政治・経済・文化に与えたのである。

新聞記者のソ連取材の歴史に関する学術研究は、未だ存在しない。本書がテーマとする所以である。なお、菊地昌典『ロシア革命と日本人』（筑摩書房、一九七三年）は、ロシア革命期に関してはパイオニア的作品であり、布施勝治《ふせかつじ》のみならず、さほど著名ではなかった播磨楢吉《はりまゆうきち》や黒田乙吉《おときち》の存在を世に知らしめたものである。菊地は播磨と黒田の蔵書の整理にまで尽力した。

なお、新聞記者ＯＢによるソ連取材の回想、先輩記者の評伝は存在する。『窓』（ナウカ社）連載エッセイ、古本昭三の「ソ連特派員の軌跡」全二一回（一九八五年三月―九〇年一二月）、森本良男の「大竹博吉とその時代」全七回（一九九七年九月―九九年四月）がそれである。

本書の構成と資料等

第一に、新聞記者として誰を取り上げるかである。ロシア報道のパイオニアで、帝政期もソヴィエト期も報道した大庭柯公《おおばかこう》が最初に来ることに誰も異存はなかろう。いち早く『露國革命記』を刊行し、一九三〇年代まで現役の記者だった布施勝治が次に来るのも当然であろう。残りの記者は甲乙付けがたく、僭越ながら時期に応じて二人ずつ選択させてもらった（ダブりがあるので、本論は八人）。第一次大戦・革命期はむろん大庭及び布施として（補論に播磨楢吉と黒田乙吉）、内戦・干渉戦争期は布施及びこれと好対照をなす中平亮《なかひらりょう》、ネップ（新経済政策）期は布施及び文化取材中心で異色のる。

黒田（補論に大竹博吉）、一九三〇年代は大竹と丸山政男、第二次大戦期は前芝確三《まえしばかくぞう》と畑中政春である。

ちなみに、右に挙げた記者は大庭、大竹が独立系、播磨が時事系、布施、黒田、前芝が毎日系、中平、丸山、畑中が朝日系で、読売系は一人もいない。『読売新聞』は『毎日新聞』『朝日新聞』（東京、大阪に二社ずつ）より後発のため、文化・娯楽面に力を入れてきた。モスクワ等に特派員を置くよりは通信社から配信してもらい、文化面では訪ソ中の中條（宮本）百合子等に書かせるという独自の方針をとっていたからである。

第二に、資料としては新聞記者の記事を優先する。革命期や戦時は、新聞記事の方がリアル・タイムの迫力がある（とは言っても、原稿の本社到着までに布施の場合はシベリア鉄道経由のため一〇日前後かかったと本人が回想している）。また、新聞記事は何面に掲載されるか、全体の分量はどれほどか、見出しがどのくらいインパクトが強いかによって重要性を判断できる。この意味で新聞記事の長所を生かす。例えば、党・軍指導者に対するテロルは、著作では淡白な見出しだが、新聞だと「戦慄！赤露の粛清工作」となり、読者を引きつけ、誘導する性格を帯びてくる。

むろん、新聞記事（連載または単発）を帰国後にまとめた著作も有意義である。原文に近い場合も、かなり考察を加えたものも一長一短がある。また、日刊の新聞記事が検閲を逃れる場合があったのに対し、単行本では「共産主義」や「プロレタリア独裁」などが、体制にとって危険な言葉として削除の対象になった。

第三に、新聞記事や、それをまとめた著作を中心にすると、前者は日々の出来事を追いかけるため、後者は出版の遅れゆえ、当該時期の流れや全体像が見失われがちになるので、イントロダクション(著者による解説)を置いて補うことにする。また、各章に「補」を置いて本文の記述を補足し、その理解を助けるものとする。写真や年表、地図は適宜配置して、本文の理解を助けるようにしてある。

最後に、新聞記事や著作の引用にあたっては、旧仮名遣いを新仮名遣いに、漢字旧字体を新字体に、一部の漢字を通行のものに(ソ聯→ソ連など)改め、漢字かなの表記替えや読点を加えるなど、読みやすいように変更した。ロシアの人名・地名表記は原語の発音に近いものにすることを原則としたが、モロトフ(モーロトフ)、ウラジオストク(ヴラヂヴァストーク)のように慣用に従ったものもある。

目次

第1章
大庭柯公と布施勝治
先駆者たち

ロシア革命の指導者レーニン(左)とトロツキー(右)

	ロシア・ソ連	世界と日本
1917. 3	8（国際婦人デー）三月革命勃発	
	15 リヴォフ公の臨時政府成立	
	17 ニコライ 2 世退位	
4	17 レーニン帰国し「四月テーゼ」発表	6 アメリカ参戦
5	18 第 2 次政府，穏健社会主義者入閣	
6	16（-7. 7）第 1 回全露労兵ソヴィエト大会	連合国，対独攻勢
7	16-17 首都の労兵，武装デモ	
	21 ケレンスキー首相就任，第 3 次政府	
8	25-28 国家会議招集	
9	7-14 コルニーロフ将軍反乱	
	14 臨時政府，共和国宣言	
10	8 第 4 次政府成立	
	23 ボリシェヴィキ中央，武装蜂起を決定	
11	7 軍事革命委員会，臨時政府打倒を発表	
	8 第 2 回全露労兵ソヴィエト大会，平和・土地布告	
	25-27 憲法制定会議選挙実施	
12	7 反革命・サボタージュ・投機取締り全露非常委員会設置	
	22 エスエル左派，人民委員会議に参加	
1918. 1	18 憲法制定会議開会　19 解散指令	
	23-31 第 3 回全露労兵農ソヴィエト大会	
2	2 政教分離布告　14 グレゴリウス暦導入	
	22 人民委員会議，赤軍徴募の訴え	
3	3 ドイツとブレスト・リトフスク講和条約調印	
	12 モスクワ遷都	

1　ロシア革命と日本の対応

1　総力戦下での帝政崩壊

第一次世界大戦は最初の世界戦争であるとともに、最初の総力戦であった。国力を挙げた戦争であり、その帰趨は個々の戦場での勝敗によってではなく、経済力と軍事力の差によって決まった。一九一四年八月に始まった戦争（欧州大戦）は、協商国（英仏露）と同盟国（独墺）の総合力の差がさほど大きくなかったため、当初いずれの側にもあった「クリスマスまでに終結」という楽観に反して四年を超える長期戦となり、結局は世界最大の経済・軍事大国アメリカが協商国側につくことで決着を見た。総力戦とは、資源も、人的資源も動員し、国民を精神的にも動員する戦争である。ドイツのスローガン「欲しがりません、勝つまでは」は、戦争に協力する代わりに戦後のよりよい生活を期待するもので、どの国の政府も国民によき戦後を約束するプロパガンダを繰り広げた。

しかし、ロシア帝国は後発資本主義国であり、動員兵力こそ多かったが、武器弾薬の生産や前線への食糧供給が不十分だった。産業資本家を中心とする戦時工業委員会が経済統制に当り、政府は強力な穀物調達政策を実施したが、戦時総動員にはなお不十分だった。軍事的には、東部戦線（ドイツから見て）でオーストリア軍に優勢だったものの、ドイツ軍にはタンネンベルク等で敗れ、劣勢だった。兵士は前線から脱走し始め、国民は身内の兵士の死傷、後方における食糧不足に不満を募らせるようになった。国会下院（ドゥーマ）は等級（身分別）選挙であり、イギリスはむろんドイツほどにも国民の意思を反映する議会ではなかった。しかも、宮廷では怪僧G・ラスプーチンが国政を乱し、政府は国民に甘い約束さえ示さなかった。

一九一六―一七年の冬は稀に見る寒さであり、ロシアの戦争遂行能力も尽きかけ、人々はパンと平和を渇望していた。一七年三月八日国際婦人デー(女性の権利拡張をめざす第二インターナショナルの行動日)にペトログラードの街頭で始まった「パンよこせ」デモに、ストライキに立ち上がった労働者が合流し、市内は騒然とした状況になった。デモとストは連日続き、警官隊もコサック騎兵も弾圧命令を実行できず、しかも首都の守備隊の一部がデモ隊側についた。ドゥーマ首脳部が協議し、事態の収拾を図るために自らが全権を握り、大本営にいる皇帝＝総司令官ニコライ二世を退位させた。ドゥーマ臨時委員会は、自由主義的貴族のG・リヴォフ公を首相とする臨時政府を樹立した。

臨時政府は市民的自由を認めるとともに、憲法制定会議の議員選挙を秋に行うことを約束し、土地改革はその会議で行うことにした。戦争は、三国協商の同盟国であるイギリス、フランスとともに継続するつもりだった。労働者は工場地区を、兵士は軍部隊を単位に自分たちの代表機関を選出し、労兵ソヴィエトと名乗った。臨時政府が主として立憲民主党(カデット)など自由主義者から構成されたのに対し、労兵ソヴィエトは社会革命党(エスエル)、メンシェヴィキなど穏健社会主義者が多数を占め、臨時政府を支持した。しかし、労兵ソヴィエトは反戦論が強く、連合国に戦争継続を確約したP・ミリュコーフ外相(カデット)とA・グチコーフ陸海軍相(保守のオクチャブリスト＝一〇月一七日同盟)を辞任に追い込んだ。

ボリシェヴィキも、国内指導部が古典的なブルジョア革命論に則って臨時政府を支持したが、四月にスイス亡命から帰国したV・レーニンが「全権力をソヴィエトへ」、つまり臨時政府打倒で党内をまとめた。資本家主導のブルジョア革命後の資本主義発展を待って社会主義革命へという理論に対して、ブルジョアジーが幼弱なロシアでは労働者・農民がブルジョア革命を主導し、連続的に社会主義に転化するという理論である。しかし、六月の第一回全ロシア労兵ソヴィエト大会ではエスエル、メンシェヴィキが多数を占め（7頁表1）、ともかくも臨時政府を支持した。前線では兵士の戦線離脱と帰村が進み、農村ではエスエル左派の影響のもと貧農が地主の屋敷を襲い、土地を奪って共同体（ミール）の管理下に置いた。都市でも犯罪とサモスード（自主裁判＝私刑）が横行するなど、社会はアナーキーな様相を帯びるようになった。

2　戦争継続か即時講和か

七月の対独攻勢の失敗によりリヴォフ公が首相を辞任し、陸海軍相だったA・ケレンスキー（エスエル）が首相となり、臨時政府は社会主義者が自由主義者を数的に上回る構成となった。ケレンスキー政権は、対独攻勢に反対するボリシェヴィキの武装デモを鎮圧した。領土の獲得などをめざさない、軍国主義ドイツから祖国を守る戦争だという理屈である。しかし、軍制改革を要求するL・コルニーロフは九月、ロシア軍の再度の敗退を機に反乱を起こした（カデットが支持）。コルニーロフの要求は死刑復活、指揮官選挙の廃止といった革命の成果を台無しにするものゆえ、労兵ソヴィエトの反発を招き、ボリシェヴィキや鉄道労働組合の果敢な行動により反乱は鎮圧された。

これによりケレンスキー政権の権威は失墜し、反対にボリシェヴィキが支持を伸ばし、首都とモスクワの労兵ソヴィエトの多数派を握った。ケレンスキーは八月から一〇月にかけて諸政党・社会団体の代表を招集し、来るべき憲法制定会議選挙に向けて体制建て直しを図ったが、ことごとく失敗した。そのかんにボリシェヴィキは首都を中心に武装蜂起を準備し、内部の時期尚早論を押し切って一一月七日に決行した。冬宮のケレンスキー政権閣僚は逃亡し、少数の士官学校生らの抵抗は排除され、ここに武装蜂起は成功した。

翌八日あらかじめ招集されていた第二回全ロシア労兵ソヴィエト大会で「土地に関する布告」(社会化)、「平和に関する布告」(即時停戦・講和交渉)が採択され、レーニンを議長とする人民委員会議が新

図1　冬宮襲撃前日に集合した赤衛隊

政府として成立した。新政府はエスエル左派との連立であり(左派が分離するまで人民委員を空席に)、国有化は銀行と大企業に限定された。「労働者統制」も含めて四月テーゼの実現ではあっても、社会主義革命そのものではなかった。このときドン・コサック首領A・カレージンら反革命勢力の反乱があり、これに対処するためにも「同質社会主義政府」(穏健派を含む全社会主義政党の連立)が提唱され、ボリシェヴィキ内部から呼応する動きもあったが、実現しなかった。ボリシェヴィキはむしろ、ブルジョア政党の新聞発行停止などの弾圧に乗り出した。

憲法制定会議の議員選挙は一一月下旬に実施され、エスエル(未だ分裂せず)、メンシェヴィキが多数を占めたが(7頁表2)、一九一八年一月一八日に招集された憲法制定会議はボリシェヴィキに

よって暴力的に解散された。下旬に開かれた第三回全ロシア労兵農ソヴィエト大会は「勤労被搾取人民の権利」を宣言した。議会制民主主義に代わるソヴィエト民主主義のもと、社会主義へと前進する「社会主義ソヴィエト共和国」が誕生したのである。

続く三月のブレスト・リトフスクにおけるドイツとの講和条約は、革命戦争を主張する党内反対派や左翼エスエルを抑えて辛うじて達成された。レーニンはドイツ革命までの「息継ぎ」と主張したが、四月にはイギリス軍がムルマンスクに上陸し、列強の干渉とこれに支援された反革命派による内戦を招いた。ドイツにウクライナなどヨーロッパ・ロシアの大部分、工業地帯と穀作地域を割譲したことは、内戦・干渉戦争を戦う上で大きな不利となった。条約締結直後に、首都はペトログラードからモスクワに移転した。

日本は、一九一七年六月から政府の外交調査会が対露政策を検討していたが、ロシアの混乱に乗じた、さらには単独講和をもってする「ドイツ勢力東漸」に備えよと

表 1　第１回全ロシア労兵ソヴィエト中央執行委員会の党派別構成（人）

	中央執行委員会	同候補	計
ボリシェヴィキ	35	23	58
メンシェヴィキ	107	16	123
エスエル	101	18	119
統一派社会民主党（中央派）	8	5	13
トルドヴィキおよびエヌエス	4	2	6
ユダヤ社会主義労働者党		1	1
計	255	65	320

表 2　憲法制定会議議員の党派別構成（人）

エスエル	370
エスエル左派	40
ボリシェヴィキ	175
メンシェヴィキ	16
諸民族グループ	86
カデット	17
エヌエス	2
不明	1
計	707

（文献(15)藤田著，24 頁（表 1），10 頁（表 2））

の主張が支配的だった。ロシアに派遣された川上俊彦《としつね》(満鉄理事)による一一月の「露国視察報告」も、これを裏付けるものとなった。陸軍は、ロシア弱体化に乗じた極東干渉計画を作成し、現地での情報収集と工作を開始した。

2 大庭柯公——ロシア報道のパイオニア

1 大庭の初期ロシア体験

大庭柯公(景秋)は一八七二年山口県に生まれた。早く両親を失い、働きながら東京英語学校の夜間に通い、古川常一郎についてロシア語を学び、そこで出会った長谷川辰之助(二葉亭四迷)に兄事した。一八九六年ウラジオストクに渡航し、商館で通訳を務め、翌年帰国してから第一一師団(香川)の露語教官、ついで参謀本部の通訳官となり、日露戦争には同通訳官として従軍した。一九〇六年にウラジオストクに入ったが、長崎のロシア人亡命革命家ニコライ＝ラッセルに依頼されて運んだ文書が発見され、国外退去処分を受けた。ついで『大阪毎日新聞』記者となり、モスクワ特派員も務めたが、勤務先はその後『東京日日新聞』、『東京朝日新聞』と移った。一九一四年八月、ロシア戦線の従軍取材のためペトログラードに発った。

ロシアに関する当時の一般書としては、日清戦争から義和団事件にかけて、平田久『露西亜帝国』、松本謙堂『露西亜の大勢——附・英仏独三国形勢』、占部百太郎『近世露西亜』、島田三郎『日本と露西亜』などが刊行された。三国干渉が生んだ「ロシア討つべし」「臥薪嘗胆」の世論、シベリア鉄道敷設の進行とロシアの満洲占領に促された対露開戦論の高まりの一方、慎重論や日露同盟論も存在した時期である。右著者のうち平田と島田は新聞記者出身であり、大庭が二人の本を読み、参考にしたことは大いに考えられる。

平田は『国民新聞』記者で(主筆が徳富蘇峰)、『露西亜帝国』は「露西亜の天然」「露西亜の膨脹力」(対外進出)、「露西亜の同化力」(諸民族支配)、「露西亜国民」から構成されている。「露西亜国民」は「其の国民的性情の最大部分を天然に負うもの」とするもので、一種の自然＝気候決定論である。とくに長い厳寒が「遊怠なる習慣」「粗悪なる食物」「家居の不健全」「衣服の不潔」「娯楽の淫猥」「疫病」をもたらしたという。この自然と闘うことにより、「忍耐、退譲、服従」が生まれ、「露西亜の兵士は世界に於て、困難に耐ゆるの力最も大なるものなり」。また、こうした自然及びこれと闘う困難から極端な性格も生まれ、万一ロシアに革命が生じたらフランス革命を上回る恐怖政治となる一方、「友誼、親愛、惻隠、慈善」という性情も生まれ、文学のテーマになっている。「敵としては最も憎むべく友としては最も愛すべきもの、個人としては最も親しむべく団体としては最も恐るべきは露西亜人にあらずや」。

島田も『横浜毎日新聞』記者で、政治家に転身、一八九〇年の第一回総選挙で当選し、本書執筆時点では衆議院議員だった。彼は『日本と露西亜』で、キリスト教徒として、また商工業の発展のためにも平和を重視する立場から、日露対立の高まりに警鐘を乱打した。そもそも日本の「恐露病」は幕末の藤田東湖の言説、中国伝統の「北虜」(北方異民族の脅威)論の影響、開国期に作られた「米国に親く、英仏を畏れ、而して露を嫌忌する」感情、長らくロシアと世界の覇権を争ったイギリスの議論の影響によるものである。いまやイギリスがロシアと協商する形勢にある以上、「我国人が日英協商を夢見て理由なく露を敵視し、英によりて露を防がんと欲し、これが為に日英両国の不幸を招かんとするは、誠に愚かなりと言うべし」。

日本は日露戦争勝利後、ロシアの報復を恐れながらも、満洲における利益調整のため一九〇七年から一九一六年までの間に四次にわたって日露協商を結んだ。すでに形成されていた英仏露三国協商に加わったので、第一次世界大戦に際しては協商側に立って参戦した。一九一六年一月にゲオルギー・ミハイロヴィチ大公が来日し、七月には第四次協商が結ばれ、事実上の軍事同盟となった。実際に日本はロシアに武器弾薬を売却し、中東鉄道の寛城子（南満洲鉄道の北端）・ハルビン間の日本への譲渡も密約された。

一九〇二年に結成された日露協会（榎本武揚会頭）は、日露戦争によって開店休業状態になっていたが、一九一一年に寺内正毅会頭、後藤新平副会頭のもとで復活し、日露貿易や露領漁業（ポーツマス条約、一九〇七年漁業協約に根拠）など、経済交流も活発になりつつあった。

2　第一次大戦期ロシアの観察

大庭は、すでに大戦前からロシア取材経験が豊富だった。一九一七年九月刊行の『露西亜に遊びて』は風俗観察と紀行文からなるエッセイ集で、その大部分は大戦前の滞露経験に基づいている。そこにはロシア人の「ニチェヴォ」主義（瑣事《さじ》を気にしない鷹揚な性格、困難を辛抱強く耐え忍ぶ態度）や、官吏や将兵の制服・勲章好きなどを紹介している。死後に編纂された『露国及露人研究』（一九二五年)にも、大戦前、大戦中のエッセイが含まれている。

大戦開始の一九一四年に書かれた「黒龍江南遊記」(『露国及露人研究』二七八―三一〇頁)には、日露関係と極東事情に関する興味深い指摘があるので拾っておきたい。

○「所謂日露の接近は近時浮薄なる両国為政家の間に一種の外交的呼声と為れり、曰く観光団歓迎、曰く連絡会議、而してウオーツカの盃を挙げ、而してゲーシャを提供し、以て外交の能事了れりと為し、以て日露親近したりと称す。彼得堡(ペテルブルグ)及東京の日露協会なるもの、吾人を以て之を見れば畢竟《ひっきょう》政治的喜劇に過ぎず」。

○「予が今回周遊の目的は我が国境に沿える外部を一周せんとするに在り。図們江を会点とせる日露の国境よりせば、浦潮斯徳(ウラジオストク)もニコリスクも我国境の外部なり。長春を日露両勢力圏の接触地なりとせば、哈爾賓《ハルビン》は我が国境外の第一市街とすべし」。

○「吾人は島国本位の論者竝《ならび》に大陸放棄論者に向って国境周遊の要を勧説せずんばあらず、所謂二個師団増設(朝鮮併合後の駐屯軍)の如き小問題に煩わされて大陸を閑却し去らんとするが如きは本末転倒の甚しきものなり」。

○「予曽て親しく乃木将軍と談じて朝鮮の事に及びたる際、故将軍は言葉少なに志士安重根を称揚して「豪《えら》い男だ」とせられ、一国併合の為めには二三の暗殺事件は寧ろ当然なりとせらる。今や朝鮮内地に於ける鮮人疲弊の実状如何、その少数資産家以外殆んど各地を通じて飢餓に迫りつつあるにあらずや。斯かる生活上の危機は彼等を駆って露領に満洲に楽天地を求めしむ、亦自然の数なりと謂うべし」。

○「西伯利〔シベリア〕を知らざる邦人の多くは西伯利を以て依然福島中佐単騎旅行時代の一大荒野視す。而かも知らんや此の荒野は西部西伯利のみにても最近小麦七千万布度〔プード。約一六・四キログラム〕余、其の他の麦類約一億布度の産出を見ることを」。

○「曩《さき》に後藤男〔爵〕は日露協会の発展的施設として京畿地方に日露商品陳列館の設立を企図せりと聞く。吾人は先覚者又は有力者が日露貿易の為めに率先して具体的成案を立て此種計画の実現に努めんことを望みて已《や》まず。露領屈指の豪商チューリン〔露〕、アリベルス〔独〕支配人等の眼底に映ずる日本貨の対露関係は意外に多大の信望を有するが如し」。

○「〔ウラジオストク〕東洋学院に日本科主任として、又露国に於ける日本学者として有名なるスパルウィン君は曽て頻《しき》りに日本の新聞より間諜〔スパイ〕視せられたるより今日にては余り日本に来遊せざるに至りたり。兎《と》も角も充分に日本を解し得る能力を有する、稀なる隣邦の紳士を間諜の名の下に逐放するの陋態〔醜態〕は吾人今に至るまで之を恥ず、……」。

ここに見られるように、大庭は満洲のみならずシベリアにも国益を求める国権拡張論者だが、同時に朝鮮人保護を訴え、狭小なスパイ〔露探〕探しを戒める国際感覚を持っていた。満洲、ロシア極東、シベリアを訪問、観察して得たものである。後藤新平や目賀田《めかた》種太郎《たねたろう》が率いる日露協会には厳しい注文をつけたが、日露貿易振興の提言はやがて同協会によって実現された〔ハルビン商品陳列館開設は一九一八年〕。

さて、大庭は「大戦の露国戦跡を一巡して」という長めの文章を記した〔三一〇―三七八頁〕。ロシア軍参謀本部の許可を得てロシア、イギリス、フランス、アメリカの新聞記者とともに一九一四年一〇月八日ペトログラードを発ち、列車で総司令部に向かった。ヴィルニュスを経て到着したB（おそらくモギリョフ、軍事機密ゆえ隠す）駅に総司令部が置かれており、ここで一行は総司令官ニコラエヴィッチ大公、参謀総長ヤヌシケーヴィッチ大将に面会した。

ついで記者団はガリツィア方面へと南下したが、同戦線はロシア軍がオーストリア・ハンガリー軍に対して優勢だったところである。列車が露墺国境に近い駅に到着すると、オーストリア兵の捕虜八名を見かけた。ロシア兵となごやかに語り合っていたという。国境で列車を乗り換えて占領地に入り、リヴィウ（墺名レンベルク）に到着した。同市では夜間灯火管制が敷かれていたが、それは空襲に備えてのことだった。

一行はさらに市南方のオーストリア軍要塞跡、さらに南方のドニエストル河畔ガリチ村での露墺決戦跡も視察した。オーストリア軍塹壕の血なまぐさい現場や付近の仮埋葬地も目にした。その後ブク河方面の戦跡も見学してB駅に戻った。

次に一行は西方ワルシャワに向かったが、一〇月中旬はドイツ軍が空襲を含む攻勢をしかけ、ロシア軍が押し返したところであった。大庭は「露西亜語の案外に通用悪しきには驚きたり」と記し、ある市民から「波蘭《ポーランド》の自治は約せられたるも、戦後果して露西亜は之を我等に与うべきや否や」と尋ねられて愕然《がくぜん》としたとも記しているが、ポーランド人のロシアへの反感と不信が読めなかったのであろうか。

記者団一行は、自動車でワルシャワ西方五〇露里（ヴェルスタ＝一・一キロメートル）のブローニエの戦跡を視察した。カトリック寺院付近にはドイツ軍兵士の死体が散乱しているのを目にした。「彼等には父母もあるべし、兄弟もあるべし、若《も》し血縁の一人にして親しく此の状を目撃したらんには、誰か断腸の想なかるべけんや。嗚呼人類相闘う戦争の惨禍に優れる惨禍の果して何所にありや」。それでも大庭は、ロシア兵埋葬の旨をドイツ語で書いたものを見つけて安堵し、「独軍の名誉の為に此一事実を特記」した。

また、一行はドイツ軍のワルシャワ侵攻を恐れていったんは東方へ移動したものの、引き返して来たユダヤ人二、三万の難民に出会っている。また、独露の戦場だったスケレネヴィッチ村を訪れ、後送される負傷兵や一六歳の少年義勇兵に出会った後ワルシャワに戻った。

エッセイはここで終わっているので、前線視察は一二月までには終わったようである。大庭の伝記によれば、一九一五年五月末には帰国している。総じて、この外国人記者団の前線視察は軍当局が安全に気遣い、機密保持を優先したためか、戦争のリアリティに乏しい。当時は各国の駐在武官もロシア軍の観戦武官として前線に出ており、荒木貞夫中佐は「第一次世界大戦日記」(一九一五年六月―一六年七月)を残したが、さすがにもう少し臨場感と軍人らしい観察がある。

3　ロシア革命観――指導者を中心に

(1)第一次大戦中には、世界各国に対する関心の高まりに応えてか、『露國研究』が『英国研究』等とともに刊行された。執筆陣は、宗教の瀬沼恪三郎《かくさぶろう》、文学の昇曙夢《のぼりしょむ》、八杉貞利など文化、軍事、政治、経済の専門家で、大庭も「西伯利一班」を書いている。

この大庭論文は「シベリア」の指す地理的範囲を論じた点で重要である。シベリアという呼称はモンゴル系シビル汗国に由来するが、イワン四世以降征服され、ピョートル大帝樹立のロシア帝国では一八一九年総督府が置かれた。一八二二年行政区画としては二分され、東シベリアはイルクーツク、エニセイスク、ヤクーツク三州、オホーツク、カムチャツカ、プリモーリエ（沿海）政庁が属することになった。「極東」区分は、一九〇三年に設置された極東太守府に由来し、カムチャツカからプリモーリエに至る沿海地方全体及び樺太などの島嶼部が属することになった。当時の日本では「シベリア」の範囲が判然とせず、極東、東シベリア、西シベリア全体の総称の如く使われていた現状に一石を投じたと言ってよい。

大庭は伝記によれば、一九一七年には日本にいて、次にロシアに出かけるのは一九二一年五月である。三月革命も一一月革命も現場に居合わせなかったため、革命を新聞報道でフォローしながら、九月に『露西亜に遊びて』を刊行し、一一月革命直前にロシア情勢についてのエッセイを書いている。

このエッセイは内田良平主幹の黒龍会機関誌に書いたものだが、ロシアより中国に関心が移って書き手がいない黒龍会による依頼原稿（インタヴュー）である。ミリュコーフ、十月党（グチコーフの率いる保守政党）と対立するケレンスキー政権の苦境について「辞任」説を否定し、ケレンスキーの政治的手腕に勝るものはいないと評価する。その一方で「天下は当分、労働者、兵士を見方とする革命党の動かす所なるべし」とも論ずる。しかも大庭は、「自国の政情、或は支那の政情を以て、露国政界の推移を測らんとするの風」を批判しているが、他ならぬ黒龍会も批判されていることになる。支那は革命ではなく政変であるが、ロシアは「革命運動の期間極めて長く、殊に其の運動は、労働者の自覚を促すを以て主要なる題目となせり」と、事態の核心をつかんでいる。

一九一八年三月『露西亜評論』が創刊された。昇曙夢、片上伸《かたがみのぶる》、八杉貞利、尾関敬止ら文学者、石川三四郎、瀬沼恪三郎ら正教会関係者、今井正吉ら商社員、大庭らジャーナリストが寄稿した。創刊号は「露国の革命に就いて」を特集し、今井「露国革命の解剖」、石川「露国の革命と露国の宗教」、八杉「露国過激派に対する見解」、昇「露国革命と智識階級」を掲載した。大庭は五月号に「我観西伯利」を寄稿し、シベリアを地理的・歴史的に概説している。

大庭は一九一八年八月に「白虹事件《はっこう》」で『東京朝日』を退社した。『大阪朝日』が、シベリア出兵や米騒動に関連して寺内内閣を批判した記事中の「白虹日を貫けり」という一句が、君主に対する反乱の前兆を意味するとの廉《かど》で新聞法違反に問われた事件である。この年エッセイとしては「ケレンスキー」「レーニン」「トロツキー」を書き、一九一七年革命の主役たちを描いている。但し、ケレンスキー論は弁護士としての活躍、第四国会議員としての活動で終わっていて、一九一七年三月革命以降の話はない。

(2)一九一八年一〇月執筆のレーニン論は(『柯公全集』五)、その資質として理論に優れていること、意志の強さ、政治的策略に長《た》けていること、自らを犠牲にして民衆に奉仕することを挙げ、「露国に於ける労農政治が、レーニンの力によりて日を逐《お》うて整頓し、軈《やが》て大成を告ぐる日の必ず来ることを確信する」と評価している。この「レーニン論」は彼の資質を先に挙げて、革命事業を後回しにするものだが、後者としては土地革命と平和実現を論じている。

土地革命については、ボリシェヴィキが土地国有化論をもって主導したかのように捉え、実際には社会革命党の「土地社会化」(共同体管理)論が実現されたことの認識には至っていない。平和実現については、兵士たちによる戦線離脱、軍隊解体をボリシェヴィキが追認し、国民大多数の希望である平和を実現し、国内の革命を推進したと正しく評価している。一一月革命から一〇カ月間に、このような「大業を成し得た者は、近代の史上に一寸その類がなかろう」という。その大業の中には、レーニンが秘密条約を公表し、外国債を破棄したこと、教会財産を没収して信教の自由を実現したことも含まれる。

但し、大庭はボリシェヴィキがフィンランドの独立とウクライナの自治を認めないと不満を述べているが、少なくともフィンランドは三月革命後に独立を達成し、レーニン政権も認めたので誤解である。ウクライナの民族主義政権と対独講和後に生まれた親独政権の自治を認めなかったのは、そのとおりである。

一九一八年一〇月の時点、つまり世界大戦が終結していない時点でボリシェヴィキ政権の将来を占うことは困難だったろうが、トロツキーが言明した連邦制度が実現され、産業・貿易の国有が堅持されるならば、そしてヨーロッパ革命がロシア革命に続くならば、ボリシェヴィキ政権は維持されるという。レーニンが死んでも(六月に左翼エスエル党員による暗殺未遂事件があった)、一時的に政権を失うことがあっても「ボリシェヴィキの主義精神は、毫《ごう》も損害を受くることなく、歳月と共に世界的に拡大し、実現に近づき行くことだけは、疑うべからざる事実である」。

いわば指導者レーニンに惚《ほ》れ込んだロシア革命論であり、革命の行く末に対する楽観論だと言ってよい。革命の現場にいないため、後述する布施勝治のように、革命の政治過程をフォローし、労働者・兵士ソヴィエトの意義と役割を捉えることもできていない。現場と言っても首都ペトログラードに過ぎないため、布施でさえ「土地社会化」は認識できず、日本にいる大庭には不可能だった。

さらに、大庭の一九一九—二一年の短いエッセイをすべて検討しても、右「レーニン論」ほどにもロシアの実情に切り込んでいない。「露国革命は誰が起したか」は、革命はデカブリスト(一八二五年に反乱)の伝統を継いだもので、土地の国有、スラヴの連邦制、議会制のいずれもデカブリストの綱領に由来し、ナロードニキ、ボリシェヴィキもそれを継承したのだという大雑把で、不正確な議論に過ぎない。肝腎の「誰が」にも答えていない。

では「革命は露国農民の覚醒から」が答えているかというと、そうでもない。一九〇五年六月の農民の皇帝への請願書が人民の困窮と官僚の横暴を訴え、自分たちに代表を選ばせ、法律を作らせろと要求したことが画期的であり、皇帝がこれを聞き入れていればロマノフ王朝の滅亡に至らなかったかも知れないという。たしかに、人口の八割以上を占める農民の急進化が一九一七年に「土地の社会化」をもたらしはしたが、労兵ソヴィエトこそが革命の牽引力だったことが看過されている。

この二つに比べれば「革命を齎《もたら》した露国の社会相」はまだましである。一九世紀以来の帝政ロシアによる頻繁な戦争が兵役忌避をもたらし、軍隊を人民抑圧の機関と見なすようにし、さらには日露戦争を契機に兵士の「交歓」(大庭は「親密」と言う)を生み出した。第一次大戦では独露兵士の大規模な交歓とロシア軍兵士の逃亡、帰村が見られるに至った。革命にとっての重要な要因である軍隊の状態と兵士の帰趨をほぼ正確に観察している。

ただ後半の叙述、すなわち、ロシア近代史を「官僚のロシア」と「人民のロシア」の対立、インテリゲンツィアの後者への加担という図式で説明するのは一般的に過ぎる。帝政側は一九〇五年の革命で議会を設け、ストルィピンに土地改革をさせるなど懐柔策を取り、他方では対外政策によって人民の不満を逸らそうとしたが、一九一七年革命により「官僚のロシア」は打倒されたという。

大庭に限らず、当時の日本のロシア観察者は一九世紀のナロードニキ運動のイメージに大きく拘束され、労働運動の台頭や帝国主義戦争＝総力戦の矛盾といった問題をほとんど考察していないように思われる。

(3)最後に大庭が提言したロシア研究の方法について言及したい。「露西亜研究の一二《いちに》の方法」と題する提言は（『露西亜評論』一九一九年）、『柯公全集』ではなぜか一九二一年となっているが、それはともかく、興味深い。

彼によれば、イギリスにはすぐれた研究者がいるが、日本にも布施勝治（『大阪毎日』記者）、上田仙太郎（三月革命第一報を書いた駐露大使館書記官）の二人がいる。二人は「深く広く露国に入込んで、露国の人情風物を紹介しておる」点で他の追随を許さない。上田は「露国の政治と財政と及び人物関係」に、布施は「外交と革命関係及び通商事情」に精通している。彼らに便宜を与え、優遇する必要がある。

第二に、露国に関する内外古今の書籍を蒐集、分類、解説することである。『露西亜評論』誌、実際には近く創設される「露西亜研究会」が中心となって、図書館や同志の書籍を一カ所に集めずとも、目録を作成して利用の便宜を図るのである。さらには露国への旅行を組織し、露国在留の邦人から、また本邦在留の露人から情報を集め、日露の新聞雑誌に相互に寄稿する必要がある。

右の研究組織化は当時としては優れた提言だが、研究の内容に関しては「国民性に基く露国研究」という通俗的な提言である(一九一九年)。「どれほどの程度、または如何なる状態でレーニン政府が民衆に迎えられているかという事は甚だ不明瞭である」。ロシア人がレーニン政府に反抗しないのは、「順応性」(adaptability)と「伸縮自在性」(plasticity)に由るものなのかどうかを考察すべきである(イギリスの学者の概念)。大多数の「愚昧な人民」とは異なるインテリゲンツィアさえもレーニン政権にもの言わないのは、ロシア人の国民性である「順応性」の故かと思われるという。

以上のように、大庭のロシア革命論は、同時代の総力戦の中にではなく「専制対人民」というロシア史の伝統の延長に位置づけられ、「ニチェヴォ主義」や「順応性」といった「国民性」論によって超歴史的に説明され、ボリシェヴィキ権力も「別の専制」とされかねない。ただレーニンの人民との近さや卓越したリーダーシップの故に、そう呼ばないだけではないのかと思われる。

3 布施の『露國革命記』

布施勝治(一八八六—一九五三年)は東京外国語学校卒業、『大阪毎日新聞』『東京日日新聞』の記者として一九一二年から三〇年近くロシアで特派員を務め、レーニンやI・スターリンにも取材した当時第一級のジャーナリストだった。ロシア革命を一九一七年三月から一年間、一貫して現地・現場取材して報告した数少ない記者である。その記録『露國革命記』(一九一八年一一月)は、今日でも有益なルポルタージュであり、ジャーナリストとしての革命分析に他ならない。この著作は著名なジョン・リード『世界をゆるがした十日間』より一年早く刊行された。

1　三月革命の報道

『東京日日新聞』三月一七日は、革命の背景として守旧派と革新派の長きにわたる抗争を指摘し、ロジャンコ、ミリュコーフらの「商工革新派」(進歩的ブルジョア勢力)たる国会下院有力者が革命を企てたものと断定している。一八日の論説「露国の革命乱」は官僚主義に対する民主主義の闘いと位置づけ、食糧問題など国内の諸懸案を解決して、挙国一致で戦争の「最後的勝利」へ向かってほしいと述べている。

同日の記事「露国革命真相」は、発端が八、九日のペトログラード労働者の同盟罷工(ストライキ)であり、労働者も、同調した群衆も「パンを与えよ」と叫んでいたことを指摘している。一二日に軍隊の一部も加担し、一三日には全市が「無警察状態」となり、政治的革命の色彩を帯びるようになった。国会下院に臨時委員会が設立され、政府であることを宣言した。委員会は「祖国防衛のため」戦争を継続すると表明した。また都市参事会(ゼムストヴォ)も秩序維持に乗り出した。なお、モスクワの革命の様子も簡単ながら報じられた。

ここに見られるように、『東京日日』の革命報道はかなり的確である。ペトログラードには布施、モスクワには黒田乙吉という敏腕記者を置いていたからに他ならない。四月七―八日に黒田は「露帝退位刹那の悲劇」を書き(『ウートロ・ロシイ(ロシアの朝)』紙記事の翻訳、三月一八日発)、一二―一三日には布施が「露国大革命の後　急激なる形勢の変化」(三月二六日発)を、黒田が「莫斯科(モスクワ)革命実見記」(三月二一日発)を記した。とくに一四日の布施「労働者と兵士の支配する新しき露西亜」(三月二〇日発)は、初めて労働者及び兵卒委員会(労働者・兵士代表ソヴィエト)の存在を明らかにしたものである。

布施によれば、ロシアには政府が鼎立している。第一が国民議会(ドゥーマ)、第二が、これに任命された臨時政府、第三が労働者及び兵卒委員会である。第二は連合国に承認され、一流の名士を網羅した政府には相違ないが、第一の執行委員会も存在し、地方政府にコミッサール(全権代表)を派遣している。第三は革命の推進力であり、前二者も労兵委員会の要求圧力に曝《さら》されている。臨時政府は立憲民主党が多数を占め、労働党(社会革命党、社会民主労働党などの総称)からはケレンスキー一人しか出ていないが、労兵委員会はあたかも「政府の監督者」の如き存在である。

革命の二大課題は、国体問題(君主制か共和制かの政体の日本的表現)と和戦問題(戦争継続か即時講和か)である。前者については、国民議会はむろん、臨時政府にも立憲君主制の主張が少なくないが、ミリュコーフ外相をはじめ閣僚の多数は共和制に傾きつつあるようだ。後者については、臨時政府閣僚はケレンスキー以外「最後の勝利」を主張していたが、「兵卒は戦争に飽き労働者は社会主義にかぶれて大部分は戦争中止説に傾き」つつある。この課題、とくに和戦問題は「新しき露西亜」の最大の難問である。

2　三月から一一月へ

さて、臨時政府は、旧勢力であるドゥーマ臨時委員会によって設置され、三月革命の中で自由主義的な色彩を帯びた。リヴォフ首相は自由主義的な貴族の代表であり、ミリュコーフ外相は立憲革命党の党首であった。短時日で、皇帝一家の幽閉、政治犯の釈放、死刑廃止、ポーランドやフィンランドの「民族自定」(民族自決)容認などの措置をとった。明示的に言及されてはいないが、信仰、言論・出版、集会・結社の自由も事実上実現された。ただ労働問題はすぐには着手できず、戦争も継続したため、労兵会(ソヴィエト)の強い圧力を受けていた。

布施は三月一三日の労兵会アピールを引用している。「労兵会は民力の結束を固め、国民の自由の為め奮闘努力せんことを以てその根本の目的となす。市民は挙《こぞ》って我が労兵会の周囲に集り、一致協力以て旧政府を顚覆し、更らに普通選挙に依って憲法会議を開くことに邁進せざるべからず」(五五頁)。三月二七日の決議も引用しているが、それは「露西亜のデモクラシーは我支配階級の侵略政策に対し全力を以て抗争すべきことを天下に声明すると同時に欧羅巴《ヨーロッパ》各国の国民に向い吾人と共に力を協《あわ》せて猛然平和の為めに力戦せんことを慫慂《しょうよう》す」(九〇頁)。

戦争中止を求める労兵会は、五月二日ミリュコーフ外相が連合国政府に「同盟条約を確守し決定的勝利を得る迄戦うべし」と通知したことに憤り、街頭行動の圧力でミリュコーフ外相、グチコーフ陸海軍相を辞任に追い込んだ(陸海軍相にはケレンスキーが就任)。前線では至る所「独露兵互に白旗を立てて訪問を交換し、…戦争継続の無益なること、講和促進の急務なること等を語り合い、…自然自然に事実上の休戦状態に移り行くの形勢なり」と評された(一三八頁)。

地方では、行政警察機関が廃止され、これに代わる臨時政務官(コミッサール)はまだ権威と組織を備えていない。農民は「土地の分配に目が眩《くら》みて耕作を怠り、播種をなさず」、地主は恐慌に襲われて「農事を顧みるどころか、自己の生命を危ぶみつつあり」。この機に乗じて各地の強盗が略奪を恣《ほしいまま》にし、「全く無政府状態と云うの外なし」（一六六頁）。

労兵会の勢いは六月一三日に開催された全国（全ロシア）大会に示されたが、そこでの力関係は以下のようだった（布施は傍聴取材）。代議員八〇〇人中メンシェヴィキ三二五、社会革命党三〇〇、ボリシェヴィキ一一五である（選出された中央執行委員の党派別人数は7頁表1）。布施の観察によれば、穏健社会主義勢力（メンシェヴィキ、社会革命党など）は新内閣でも重きをなし（ツェレチェリ、スコーベレフ、ケレンスキー、チェルノフら）、自由主義者と協力しているうちに、戦争政策でも社会政策でも「稍《やや》右方に傾きたるの観あり」となる（一八九頁）。

そこには、ボリシェヴィキとメンシェヴィキの違いが革命路線（当面するブルジョア革命の主導権をプロレタリアートが取るか否か）に由来するという説明が欠けている。社会革命党が農村を基盤とし、地主地を奪取、分配して共同体管理下に置いていた点も言及されていない。それどころか、社会民主労働党も社会革命党も勤労党（トルドヴィキ）も一括して「社会党」と扱われたりもする。

いったんは安定したかに見えた臨時政府だが、七月初めにドイツに対する攻勢に出て、ボリシェヴィキの反対武装デモに直面し、しばらくして前線ではガリツィアにおける敗退が明らかになると内部抗争が激化し、リヴォフ公は首相の座を投げ出した。後任は社会革命党のケレンスキーであり、政権は社会主義者が自由主義者を数で上回り、さらに左傾化した。戦争継続方針は変わらないものの、民衆のため以外には血を流さないことが確認されたほか、地方及び都市の自治制の発達を促進し、爵位や勲章を廃止し、労働者保護法の実行を早めるなどの政綱が打ち出された。

ケレンスキーは、八月末モスクワに国家会議を招集して挙国一致の体制を固めようとしたが、ガリツィア敗退後に軍制改革を要求するコルニーロフ総司令官と対立した。ケレンスキーも労兵会の圧力に悩まされていたが、コルニーロフは選挙制の委員会の権限を縮小し、これを各軍司令官に吸収し、労兵会の基盤を掘り崩そうとする考えだった。国家会議ではケレンスキーは権力の集中に成功しなかった。布施はこれを、過激社会党、反革命党、有産階級、労働者、農民それぞれが自己の利害を国家利害の上に置いて対立したからだと説明している(二五八―二六〇頁)。

ロシア軍が九月初めにリガで敗退するや、コルニーロフはケレンスキーに政権委譲を迫って反乱を起こした。これを立憲民主党も支持し、ケレンスキーは右往左往したが、労兵会と社会主義勢力の果敢な行動に助けられ、辛うじて鎮圧することができた。ボリシェヴィキの勢力が急成長し、両首都(ペトログラードとモスクワ)の労兵会の指導権を握った(ペトログラード労兵会議長のメンシェヴィキ＝チヘイゼ不信任)。

たしかに布施の観察には皮相的な面も少なからずあり、例えばボリシェヴィキ台頭の次の説明に示されている。「露国にては、国民の多数が無教育なるが故に、斯る極端なる主義の方却《かえ》って俗耳《ぞくじ》に入り易き傾きあり、…戦線に於て露兵が独兵と交驩して単独休戦を開始したるも、又地方の農民が地主の土地を奪いて勝手に分配を始めたるも、同党の講和及び土地分配即行主義に鼓吹せられたる結果」に他ならない(一八九頁)。

しかし、右引用の後段が示唆しているのは、ボリシェヴィキが支持されたのはむろん革命理論の故ではなく、戦争反対、即時講和を一貫して掲げた唯一の政党だったからだという点である。布施の著作全体が示すように、三大勢力のうち過激社会主義勢力＝ボリシェヴィキ(と社会革命党左派)の台頭は、ミリュコーフの戦争継続宣言に対する反発、ケレンスキーの対ドイツ攻勢の失敗と前線における死刑復活への抵抗を契機としている。

それは、七月対独攻勢の失敗後に布施が公園で試みた兵士たちへのインタヴューからも明らかである。ある兵士は対独攻勢を、ケレンスキーが連合国に強いられた戦争であり、「他国の為めの戦争は真平御免」だと言う。別の兵士は「我等にして戦場の露と消えんには土地と云い自由と云い又半文の価値なきに至るにあらずや」と語った(二一二頁)。当時農村で進行していた地主地の収奪＝分配に自分も加わりたいというのは、農民出身の兵士としては当然である。

コルニーロフ反乱後のケレンスキーは、九月二七日から一〇日間民主主義会議(布施は「民衆会議」)、一〇月二〇日から代行議会(予備議会)を招集しては、安定した連立政権の樹立と自己の権力基盤強化に努めたが、ことごとく失敗した。例えば民主主義会議は、連立内閣案を七六六対六八八で可決、立憲民主党の入閣は一三九対七九七で否決しながら、「立憲民主党を加えざる連立内閣」案が一八三対八一三で否決される奇妙な結果に終わった(二九七頁)。最後の代行議会も各党各派代表の主張の言い合いに終始し、憲法制定会議選挙を前に臨時政府の無力ぶりを曝け出したのである。

3 一一月革命の報道

一一月革命の第一報は、『東京日日』では一一月一三日に掲載された。ケレンスキー政権は倒され、ペトログラードは過激派の手に落ちたが、「国民の大多数はレーニン氏の行動に対し多大の反感を有するものの如く」、モスクワその他の都市に勢力を拡大できるかは甚だ疑わしい。しかも、レーニンは七月事件で逮捕を免れてドイツに逃げ、最近またロシアに戻った点で、敵国と通じた「売国的破壊運動」の故に大多数の国民の反感を買っている。「過激派遂に失敗せん」（見出し）というわけである。本社の誰かが書いた記事のようで、レーニンがフィンランドに潜伏したことをドイツとすり替え、独探（ドイツのスパイ）説に寄りかかるなど、まともな報道とは言えない。

さすがに特派員の布施は異なる。記事は一二月六、八日と遅れるが、一一月八日発の「過激派の天下」がそれである。労兵会（布施は表現を変えた）の中に軍事革命委員会が設けられ、駐屯軍（ペトログラード守備隊）の大多数に支持を得て七日に冬宮を攻撃した。防衛側は少数の士官学校生徒と女子大隊のみで、軍事革命委員会の部隊は容易に冬宮を占領した。八日は労兵会の大会で、レーニン自ら出席して「公平にして民主的なる平和の提議」「土地の民有」、生産と配給に対する労働者の監督、銀行の国有化など、労農政府の政綱を発表した。レーニン派自身も、かくも容易に天下（政権）を取れるとは思っていなかっただろうと見る。

続く一二月九日には「露国民心の変調」が掲載された（一一月九日発）。ここでは一一月八日の労兵大会における即時講和、「非併土、非償金」（無併合無賠償）、秘密条約の公開などが紹介された。今日までのところ「過激派の画策悉《ことごと》くその図に当れり」、それは彼らの「民心収攬の巧妙」「労兵操縦の練達」「主義方針の徹底」「紀律秩序の厳粛」「勇断決行」によるものだという。レーニンの非妥協性と勇断決行の方が「今日の難局に処して適当なるやも知れず」とさえ言う者あり。ケレンスキーの失敗に苦悶する国民は、この政変に「別箇の光明を見出さんことを期待し」居る者あり。それが「露国民心の変調」だが、同時にレーニンという指導者に対する布施自身の見直しの始まりだったとも言える。

布施は一一月革命を目の当たりにして、レーニンを指導者として評価するようになった。一二月一七、一九、二〇日の「過激派の頭目　レーニンとは如何なる人物ぞ」(一一月二六日発)である。

レーニンの経歴では、一八九五年結成の「労働階級釈放同盟」という誤訳(正しくは労働者階級解放闘争同盟)は措くとしても、一九〇三年の社会民主労働党の分裂＝ボリシェヴィキの登場と両派の革命理論及び党組織論の違いが何ら説明されていない。一九〇五年革命失敗後に「万国社会党本部員として世界的運動の陣頭に」立ったという叙述も、第二インターの本部員という意味なら誤認である。一九一七年四月帰国以降については、四月テーゼによって、ボリシェヴィキ党内の臨時政府協調派を抑え「すべての権力をソヴィエトへ」スローガンを承認させたことは何ら触れられていない。他方、レーニンの『国家と革命』(一九一七年八—九月フィンランドに潜伏中に書かれ、一八年に出版)を当然ながら読んでいないにもかかわらず、「殆ど無政府主義に近い様な過激社会主義」と的確に特徴づけている。

総じて、布施は革命理論には関心がなく、ミリュコーフ、ケレンスキーらと比較してレーニンが破局に面したロシアを救済する指導者として最もすぐれていると評価したのである。ロシア人は大体において「愚昧の民」「節度と自制のない群衆」だから、ツァーリと「単純率直専制的な点に於て同一」のレーニンこそが指導者に相応しい。しかも、彼の発した過激派の標語(スローガン)は常にその当座の民衆の気分に合致しているというのである。

布施は、一一月革命後のレーニン政権の施策も説明している。土地の民有化、銀行の国有化、工場に対する労働者統制、国債や外国債の廃棄などを挙げて「資本征伐」「社会革命」と呼んだが、「社会主義」という言葉はレーニンからの引用にしか出てこない。一九一八年一月の憲法制定会議解散、労兵会の全権掌握を「労農専制」と呼んだが、「プロレタリア独裁」はレーニンからの引用に出てくるだけである。ここでも、布施は革命理論には関心がなく、ドイツとのブレスト・リトフスク講和条約＝屈辱は革命ロシアへの打撃であるとは指摘しても、レーニンが「ドイツ・ヨーロッパ革命への息継ぎ」と前向きに位置づけたことには気づいていない。

布施の議論のもう一つの特徴は、繰り返しになるが、ロシア人に対する愚民視である。それは憲法制定会議の解散の評価にも見られる。「元来露西亜人は其の神経の遅鈍なるの故か、或は隠忍力の強きが故か、又はニチェヴォー主義（「どうってことない」――苦難の中にあっても、そのうち何とかなるさという心性）の楽天性の故か、何事につけ性急に激することなく、ドン底に達して始めて発奮するを常とす、即ちロマノフ王朝の独裁専制を三百年間隠忍し来れるが如く、過激派の労農専制に対しても案外おとなしく黙従し居る模様なり」（四一二頁）。

『露國革命記』の結論は、現在は過激派の天下ではあるが、その過激派は「独逸の鉄拳下にあり」、今後はどうなるか予測し難いというものである。もし「レーニン政府の遠からず倒壊すべしとするも、已《すで》に露国民衆の間に根柢深く蔓延せる過激主義に至りては到底之れを根絶すべからず、レーニン政府倒れんもレーニニズムは容易に倒れざるべく、所謂「社会主義の祖国」としての露国今後の趨勢は、更らに一層慎重の注意と研究に値すべし」（四七三―四七四頁）。

こうしてみると、マルクス主義の理論に通じていない新聞記者布施の観察の方が、革命情勢、権力の移行を的確に、しかも事実上「階級闘争」の視点で捉えていたとは言えまいか(この概念はむろん使われていない)。七月に政権は立憲民主党主導から立憲民主・穏健社会両党連立のケレンスキー政権に移行したが、同政権が労兵会の主張に従って和平に動き、少なくとも対独攻勢をかけなかったならば、コルニーロフ反乱も起きず、過激派の伸張は食い止められたのではないか、という見方に布施はその時点では立っていたようである。

また、一一月革命直後に「社会党連合内閣」(同質社会主義政府)の動きが、メンシェヴィキ、社会革命党などから生まれ、鉄道労働組合が支持し、ボリシェヴィキ内部からも同調者が出たときも、ロシア革命のあり得たかもしれない別コースの機会であった。

むろん、布施の観察者としての立場も微妙に変化している。当初は臨時政府に期待し、戦争継続をさえ肯定していた。しかし、労兵会とその平和を求める主張が革命の推進力であること、ミリュコーフら自由主義者やケレンスキーら穏健社会主義者が弱体なことに気づき、長く専制に慣れてきた人民にはレーニンのような強力な指導者が相応しいのではないかという判断に移行している。

重要なことは、ロシア革命をレーニンとボリシェヴィキが終始一貫指導し、四月テーゼの「すべての権力をソヴィエトへ」が人民に支持されて「大十月社会主義革命」に至ったという予定調和的・必然論的な公式歴史観が登場する前に、歴史のドラマを冷静に観察し、生き生きと叙述する新聞記者がいた点である。

補1　播磨楢吉の三月革命描写

『時事新報』一九一七年三月二一日号から四月二日号までに連載された播磨楢吉「露都革命実見記」は、三月八日以降のペトログラードにおける民衆の行動を日誌風に、生き生きと描いたものである。

△第一日

ウィボルグ工場付近に集合した数百名の労働者が、リテイヌィ橋を渡って都心のネフスキイ大通りの方へと進む。砲兵工廠付近でコサック兵がこれを遮る。群衆は「パンを与えよ！」と連呼絶叫する。夕方になると群衆は三々五々解散する。

△第二日

翌九日は早朝から市内は不穏の報に包まれた。午後一時頃ネフスキイ大通りのカザンスキイ大寺院の広場に集合勢揃いした数万の群衆は、露都駅の方向を指してネフスキイ通りを押進む。無慮《およそ》三万以上の大群が革命歌を高唱して雪崩を打って押し寄せる。群衆は男子七分に女子三分の労働者で、女子は十六七歳から二十二三歳までの年若い女工である。…群衆は「起てよ労働者」「吾等は古き世界を振棄てん！」の革命歌を勇ましく高唱して進む。而して群衆の中央に当り二旒《りゅう》の赤色革命旗が翻った。革命歌の合い間合い間には「親独政府を倒せ！」「ロマノフ家滅亡！」

を叫んで割るが如き鬨《とき》の声を揚げる。…

…軍隊憲兵が如何に制しても其の甲斐がない、群衆は軍馬の間をくぐって前へと進む。…コサック兵も群衆を遮りながら群衆に引かれて進む。…士官は恐ろしい剣幕であるけれど兵卒はさまで怒った風が見えない。…

群衆の大群が軍隊に追われながら、露都駅前のアレクサンドル二世の銅像の周囲の広場に落ち合った時はもはや日が暮れた。群衆は駅前で分れて、思い思いにその居住地の方へ向った。…銅像の石段の上では、数名の労働者弁士が代る代る身を現して、熱弁を振るって慷慨悲憤の演説を述べる。演説の終る度ごとに鬨の声を揚げて「現政府を倒せ」と叫ぶ。…八時過ぎになると労働者の群は離散したが、ネフスキイ通りは見物人でがやがやしている。

△第三日

翌十日は昨日と同様数万の群衆は、まずカザンスキイ大寺院の広場に勢揃いして昼頃から動き出した。群衆は革命歌を勇ましく高唱し、時々鬨の声を揚げて進む。この日官憲では非常に警戒を厳にし、多数の歩騎軍隊（歩兵と騎兵）を出動せしめた。数万の群衆が雲霧の如くゴスチヌィドヴォル（マーケット）の前まで来たかと思う時分、数十騎の軍隊が群衆の前方と後方から駆けてくる。今日は皆抜剣した。…絶えず鬨の声を揚げるコサック兵は無暗に抜剣を振り回して群衆を遮る。之と同時に一中隊ばかりの歩兵が群衆の中に割込んで立射ちの姿勢を構えた。群衆は少しも恐れない。…

この日は多数の軍隊が出動した為に、群衆は前進することが出来ないでネフスキイ通りとサドワヤ街の角まで進んで、そこから後へ戻って離散した。…
この日晩の七時頃数千名の労働者は、昨日リテイヌィ橋側で憲兵の為に斬り殺された労働者の棺を奉じてネフスキイ通りを行った。勇ましい革命歌は時々悲しい弔歌に代る。通行者はみな帽を取ってお辞儀をする。又この日はむろん電車が通わない。…

△第四日

この日は労働者の示威運動がなかった。…時々銃の音が聞える。赤十字救護自動車が往来する市内は種々様々の風説が盛んに流された。ネフスキイ通りで数十名の人が射殺されたとか、何処で軍隊と労働者が衝突したとか恐ろしい噂ばかりである。…

△第五日

十二日朝私の宿所の周囲に当って、唯事ならぬ銃声と騒動が頻《しき》りに聞えた。…街上に出て見ると多数の軍隊が鬨の声を揚げて空中に向って頻りに発砲している。市民は手を揮って軍隊を迎える。何ごとぞと問えば、軍隊が反旗を翻して上官を惨殺し労働者に呼応したのだという。…数千の軍隊は手に手に銃剣を引提げてリテイヌィ街に向って進む。…軍隊の数は非常に多いが銃剣が足りない。銃も新式もあれば旧式もある。殊に私の注意を惹いたのは、我が村田銃を持っている者がいたことであった。…私が兵卒にこれから何処へ行くのかと訊くと、一隊はリテイヌィ街の砲兵工廠を占領し、一隊は露都要塞（ペトロパウロフスク要塞）に向うのだと言った。

（砲兵工廠銃撃の際に高田商会代理人牧瀬豊彦が、工廠の窓から外を覗いた時に誤って撃ち殺された。）

叛軍の一隊はリテイヌィ橋を渡ってウィボルグ区の方へ行った。…午後一時頃労働者と叛軍と

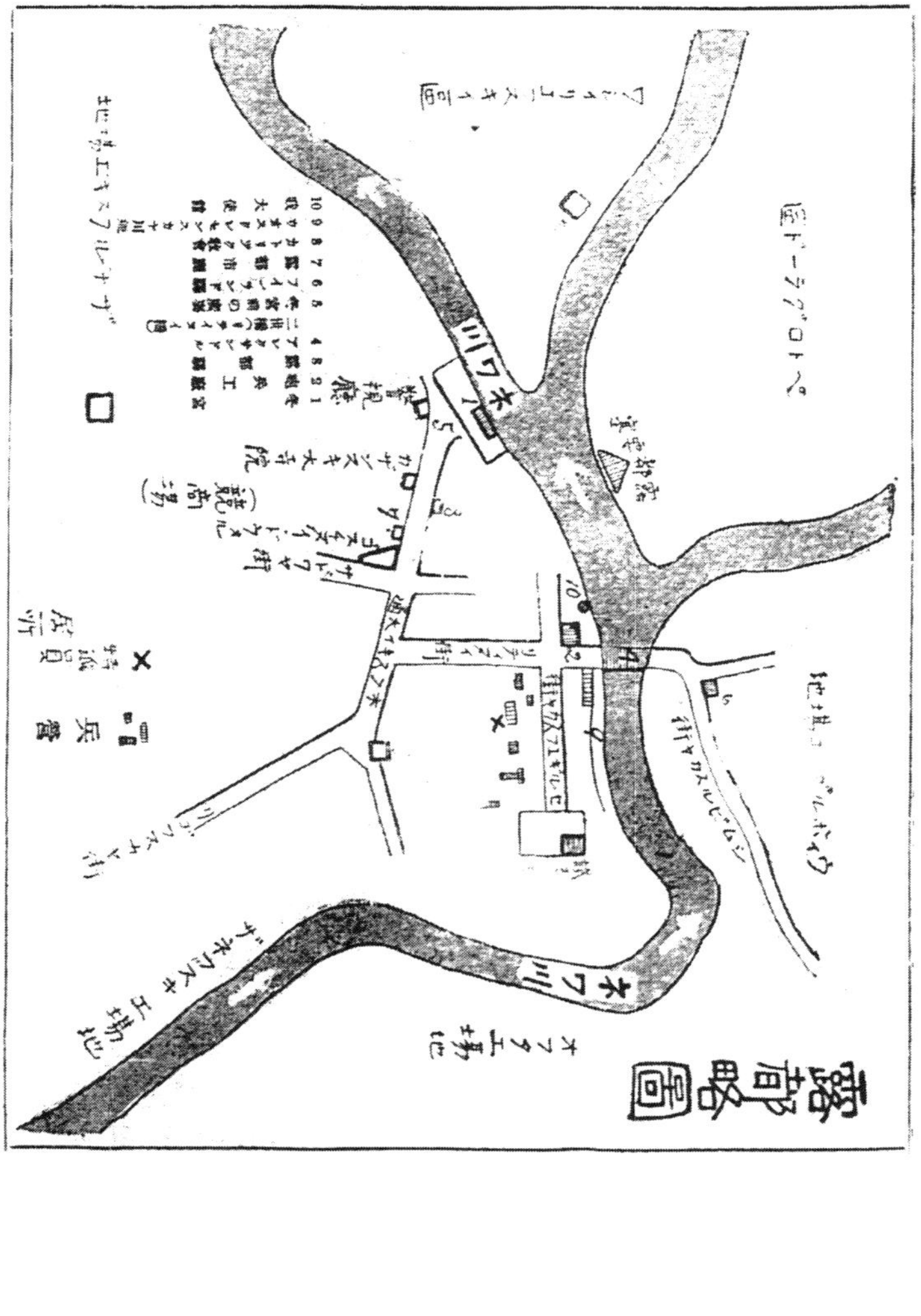

図2『時事新報』1917年3月31日に掲載されたペトログラードの播磨手書き地図

はウォスクレセンスカヤ川通りにある監獄を破壊して、さきに革命陰謀嫌疑で投獄されていた十一名の労働派委員を救い出した。又同監獄にいた他の政治犯をも救い出した。

叛軍はリテイヌィ街の砲兵工廠付近を本陣として、ここに集合した。市内には戦争も交射も起らない。…市中は市民が往来している。店も営業している。子供も婦人も街上に出て軍隊を見物している。…叛軍は一戦をも交えないで直ちに露都全市を占領した。…叛軍では各官衙《かんが》の自動車を徴発して之に労働者と軍隊とが乗って赤旗を掲げて市中を疾走する。市民は手を挙げて之を歓迎し、男子は帽を振り女子はハンケチを打ち振る。

市内各所の連隊はみな叛旗を翻して労働者の味方になったと。ウォルインスキイ、プレオブラジェンスキイ、リトフスキイ、ケクスゴリムスキイ各連隊及び工兵隊みな労働者の味方となり、軍隊の数だけで二万五千人を超える。…

十一日議会解散の詔勅が降ったが、議会では事態に鑑み解散の命に応じないことを決議し、十一日議長ロジャンコは大本営の皇帝に電報を発し「国民の信望を有する人物に向い新内閣組織の大命を降す」ことを要望した。…皇帝から返電がないので、十三日議長は、市民と軍隊の委託により議会は責任内閣を組織すべしとの布告を出した。

…議会では露都の安寧秩序を維持し各官衙と交渉の為に臨時委員会が組織され、左の議員がその委員に選挙された。この選挙は、労働者と軍隊の代表者と議員の投票によって行われたのである。

議長ロジャンコ、ネクラソフ、コノワーロフ、ドミトリュコフ、ケレンスキー、チヘイゼ、シユルギン、シドロフスキー、ミリュコーフ、カラウーロフ、リウォフ、ルゼフスキー…

△第六日

十三日の事態は十二日と毫も変らない。露都は民軍の為に占領され、電信も郵便も電車もない。しかし、食糧店は営業していた。露都は民軍の行政下に維持されている。…官軍がいないので戦争も交射もないので、市内は別に危険もない。女も子供も兵隊と連れ立って歩いている。将校が道を通りかかると、十七八歳の子供労働者や女工が呼び止めて身体検査を行い、もし帯剣して居ればその剣を取上げ、ピストルを所持して居ればそれを取上げる。士官はおとなしく労働者の命に服従する。…

民軍は親独的な現政府を根本から改造して真の国民の内閣を組織せんことを希望し、その目的を貫徹せん為あくまで奮闘苦闘する覚悟である。市内には種々の過激な檄文が掲示された。既に三日間新聞がないので事情が判然と分らない。（露都警視総監バルク中将は、ストライキ中の軍需工場労働者は徴兵するとの布告を出して殺された。）こんな布告は却って革命の導火線となった。民軍は今回のことを〔一九〇五年革命に続く〕第二革命と称している。臨時委員会では旧政府を廃して新政府を樹立するという決議を出した。

補2　黒田乙吉の一一月モスクワ市街戦

『東京日日』の記事には市街戦の話はないので、『悩める露西亜』の中の「六、市街戦の思ひ出」からとった(二〇三―二一七頁)。

二　(二は割愛)

豆を炒《い》るような銃声と惶急《あわただ》しく馳けまわる家人の跫音とを夢幻《うつつ》に聞きながら、力強く襲いかかる睡魔には反抗出来ず、「どうでもなれ」と棄鉢になって重い充血した瞼を閉じて、うとうとしてると、下宿の主人は堪り兼ねて起しに来た「大変です、寝てる時ではありません。ソット窓の下を窺《のぞ》いて御覧」。その時銃を擬した一隊の兵が、蟻も遁さじとばかり、吾等の家を包囲して居た。

「都市同盟を占領に来てるのですよ、赤衛軍です」

その家の二、三、四階は都市同盟の事務所である。その四階まで過激派が占領したら、五階に居る我等はもう何も云うべき事はない。

下宿の主人は猶太《ユダヤ》人で可なりの財産家であるが、現金や宝石等は地下室に埋蔵したらしく、著者にも大切《だいじ》な品物は、何とか始末しろと頻りに勧むるのであったが、書物の外に何物もない余は、それを何ともする事が出来なかった。

莫斯科《モスクワ》七箇の兵営の軍隊は、遂に過激派の戦事(軍事)革命委員会側に走り市会を中心として将校、士官候補生、学生の組織した保安会を向に廻して、火蓋を切ったのであった。赤衛軍(過激派)と白衛軍(反過激派)の名称が、ロシア人の脳裡に明瞭に印象されたのもそれからの事だ。

交通は杜絶し、新聞の配達若くは発行は停止されたが、それでも白衛軍の本部がクレムリン城壁外の市庁にあり、赤衛軍の本営が労兵会にあること、ケレンスキイが露都を逃出したこと、ドン・哥薩克《コサック》が白衛軍に応援に来つつあるということ、白衛軍の兵力は到底赤衛軍に及ばないこと、クレムリン城を白赤両軍が交互に奪還し合って居ること、我が下宿の所在は両軍の混戦地帯であること、すぐ我が宿の側に白軍の機関砲陣地があること等の事実若くは風説が誰言うとなく伝えられた。

耳を聾せんばかりの小銃及び機関銃声――赤十字旗を腥風〔生臭い風〕に翻し雨霰と飛び交う弾丸の下を血塗の死傷者を積んで走る救護班の自動車――屋根をすれすれにピューッと唸って飛ぶ砲弾、ピリピリと窓硝子を破る其炸裂――家宅捜査と掠奪と――砲弾の下の悲壮なミーチングと――過激兵に占領された後の家宅委員会の恐慌と――連夜の不眠と饑餓の威嚇と――四日間、余が、眼前に展開された修羅場の血の悲劇に殆んど喪心した。

三日目の夜であった。トマトも鰯も喰い尽して、下宿の食卓に宿客《いそろう》となるべく余儀なくされ亭主と主婦と三人が折から始まったクレムリン砲撃の殷々轟々たる砲声の下で、食事をして居ると、電灯がプスーッと消えたまま、半時間経っても一時間経っても点《つ》かなかった。

その前日から、電話は切れて同胞の死生もわからず、水道の水も停止《とま》りかけて五階の下宿《やど》には、もう上って来なかった。

その次が電灯――暗黒と侵入、こういう恐怖が同時に三人を襲うた。一座は黙して、窓硝子を壊す音、婦女子の叫び声が今に何処に起るであろうかとオゾオゾ期待した。市街戦の最初《はじめ》からヒステリックに溜息ばかりついて居た主婦は、其時発作的に「〇〇さん、貴方は何という幸福な方でしょう、平和な日本からこんなロシアなんかに来てさ、御両親はまだ御達者ですってね？」と絶望的に笑い出した。亭主も著者も窓外に砲弾の炸裂する彩光を見ながら暗闇の中に黙々と坐ったまま一語も発することが出来なかった。

三

喰うべきものが尽きて、食を漁《あさ》るため砲弾の下を潜るべく余儀なくされたのは四日目であった。家宅委員会から通行券の発給をうけ、赤衛兵の警備厳なる裏門を出た。

落ち行く先は、平素心安《かねがね》い松浦商会卸部、其の所在地マーラヤ・ルビヤンカは下宿から五町ばかり離れて居た。飾窓の大ガラスがメチャメチャに破れた家、路上を染めた血、辻々に立って、厳しく通行券を調べる赤衛兵、通行人なき街路と、その上に夢の様に力無き光をなぐる初冬の陽――すべてが、四日前まで自由に歩いた莫斯科とは思われなかった。

豆を炒るような銃声は、東からも西からも聞えた。心なしか、プスーッ、プスーッと、左から右から銃弾が、耳朶《たぶ》をかすめて流れて行くようであった。著者は、壁銭《ひらたぐも》のように、壁や飾窓にピッタリ背中をつけ両手を拡げ、爪立って用心深く徐々に歩を運んだ。

十字路に来ると、向うからも平蜘蛛が一疋匍《は》って来て、横合から掃《はら》われる機関銃弾を恐れて、当方に越え兼ねているのが見えた。

「其方《そちら》はどうです？」「危険です、あちらは？」「生命《いのち》からがらです」と、街路を隔てて会話が交された。然し、今更引き返す訳にも行かず、鼠の匍うように辻を駆けぬけて、五町の道路《みち》を十里に感じながら松浦商会に辿り着いた。

　卸部にはT、I、M、Nの諸君が籠城し、喜んで記者を迎えくれた。

　同胞五人も集まれば、心細き何ものもなかった。耳を聾せんばかりの銃砲声の間に日が暮れたが、チラホラと降り出した雪が、霙《みぞれ》となり、夜が更け行くままに沛然たる大雨と化し、雀ヶ岡からクレムリンを撃った砲弾が外《そ》れて、漆黒の闇を劈《つんざ》いて吾等の頭上に炸裂する凄愴な光景の下に第一夜は坐角力《すわりずもう》などとって笑い興じた。

　ここで、戦争終熄を待つつもりのところ、食糧難は再び一同を襲い、三日目には、約一里の距離を半日がかりの大迂回をやって、著者は我が総領事館に落ちた。

　総領事館では、飢えなかったが、夜々、寝てる部屋の窓際で、榴散弾が破裂するので、圓《まど》らかに寝る事が出来なかった。九日目に、保安会の白衛隊は衆寡敵せず、兵糧つづかず降を過激派の軍門に請い、さしもの市街戦が終った時、雪崩を打って街路を流れ行く群衆の渦に巻かれて余は、流れた血と、破壊され掠奪された家と砲弾のために焼失した家と、倒れた電柱とを見てまわったが、この時はじめて過激派の執政官が労働服の胸間《むね》に「コミッサル」と大書した紙を貼ったまま莫斯科の辻々に立って居る姿を見た。

第2章

布施勝治と中平亮

その戦時共産主義体験

ウクライナの赤軍騎兵募集ポスター(左)と白軍コサック部隊(右)

	ロシア・ソ連	世界と日本
1918. 3	14 左翼エスエル，政府離脱	
	19-21 ボリシェヴィキ，共産党と改称	
	22 イギリス軍，ムルマンスク上陸	
5	13 食糧独裁令	
	25 チェコ軍団の反乱開始	
6	8 憲法制定会議議員のサマーラ政権	
	28 工業国有化の指令	
7	6 左翼エスエルの反乱	
	10 第 5 回ソヴィエト大会で憲法採択	
	16 ニコライ 2 世一家殺害	
8	30 レーニン狙撃さる→赤色テロル	2 日米共同出兵宣言
11		3 キール軍港水兵反乱：ドイツ革命始まる
	中旬　コルチャーク政権成立	
1919. 3	13 コルチャーク軍，攻勢	2-7 コミンテルン創立大会
	18-23 第 8 回共産党大会	21 ハンガリー革命始まる
6	赤軍，コルチャーク軍からウファ奪回	28 ヴェルサイユ条約調印
10	ユデーニチ軍ペトログラードに攻勢　デニーキン軍オリョール占領	
12	コルチャーク政権崩壊	
1920. 4	25 ポーランド軍，侵攻	6 極東共和国設立（-22. 11）
6	6 ウランゲリ軍，クリミアから攻勢	
8	上旬　赤軍ワルシャワに迫る	7-8 コミンテルン第 2 回大会
11	14 ウランゲリ軍，クリミア撤退	
1921. 2	グルジアにソヴィエト政権	
3	1 クロンシュタット反乱	

1　内戦・干渉戦争と日本

1　内戦・干渉戦争の経過

内戦・干渉戦争は、一九一八年五月末のチェコ軍団五万余によるソヴィエト政権に対する反乱をもって本格的に開始された。ロシア軍の捕虜になっていたオーストリア軍のチェコ人部隊が、ブレスト・リトフスク講和によりウラジオストク経由でのフランスへの移動を許されたが、シベリア鉄道で移送中に反乱を起こしたのである。

この反乱はシベリア各地の反乱を誘発し、メンシェヴィキとエスエルの旧憲法制定会議議員から成る政府がサマーラ等に成立したが、やがて軍事力を持ち、列強に援助された旧体制の将軍や提督が実権を掌握した。その最大の勢力は、オムスクに本拠を構えたA・コルチャーク提督(元黒海艦隊司令官)の政府である。ロシア南部では、ブレスト講和後のドイツ軍の進出に応じて反ソヴィエト政権が登場したが、その最大の勢力がドン・コサックを基盤とするP・クラスノフ将軍である。

一九一八年後半の最大の戦闘は、南部の交通の要衝ツァリツィン攻防戦であった。同市の防衛には赤軍北カフカース軍管区(まもなく第一〇軍に、司令官K・ヴォロシーロフ)が当たり、共産党中央からはスターリンが派遣されて革命軍事会議に加わり、市の労働者をも動員して応戦した。クラスノフ軍の攻撃は八月、一〇月の二度にわたり、一〇月の攻撃には赤軍はかなり苦戦した。共和国革命軍事会議議長(陸海軍人民委員)L・トロツキーがヴォロシーロフの罷免、スターリンの召還を要求したほどである。

赤軍は、ドン・コサックが自分たちの固有領域を越えてまで戦う意欲を持たなかったことにも助けられ、ツァリツィンを防衛した。翌年一月にはドン州の大部分を解放したが、そのさい苛酷なコサック弾圧を行った。

一九一九年春から秋にかけて、ソヴィエト政権は東部、南部、北西部から攻撃を受け、窮地に立たされた。三月上旬にコルチャーク軍がモスクワをめざして西進し、五月にはN・ユデーニチ軍がペトログラード攻撃を開始した。赤軍(東部方面軍)はコルチャーク軍に対しては六月上旬のウファ奪回で反攻に転じた。しかし七月上旬になると、二月にクラスノフ軍を継承し、やがてツァリツィンを含む南部全域を制圧したA・デニーキン軍がモスクワめざして北上を開始、ユデーニチ軍が呼応して再びペトログラードを攻撃した。

一〇月中旬にデニーキン軍がオリョールを占領してモスクワに最も接近し、ペトログラードがユデーニチ軍に包囲されたときがソヴィエト政権最大の危機であった。赤軍(南部方面軍)は一〇日後にオリョールを奪回すると、南進してドネツク炭田(ドンバス)に向かう部隊と、南東進してツァリツィンを奪回し、そこからドン・ステップに進出する部隊に分かれてデニーキン軍と戦った。赤軍はこれを打破し、翌年一月初めにはツァリツィン、ロストフを相次いで解放した。

一九二〇年の赤軍の主要な敵は、南部のデニーキン軍を継承したP・ウランゲリ軍と、ポーランド軍であった。ポーランド軍は東部国境拡張を狙って四月末にウクライナに侵入、キエフを占領し、ウランゲリ軍と呼応した。赤軍は西部方面軍(M・トゥハチェフスキー)と南西方面軍(A・エゴーロフ)

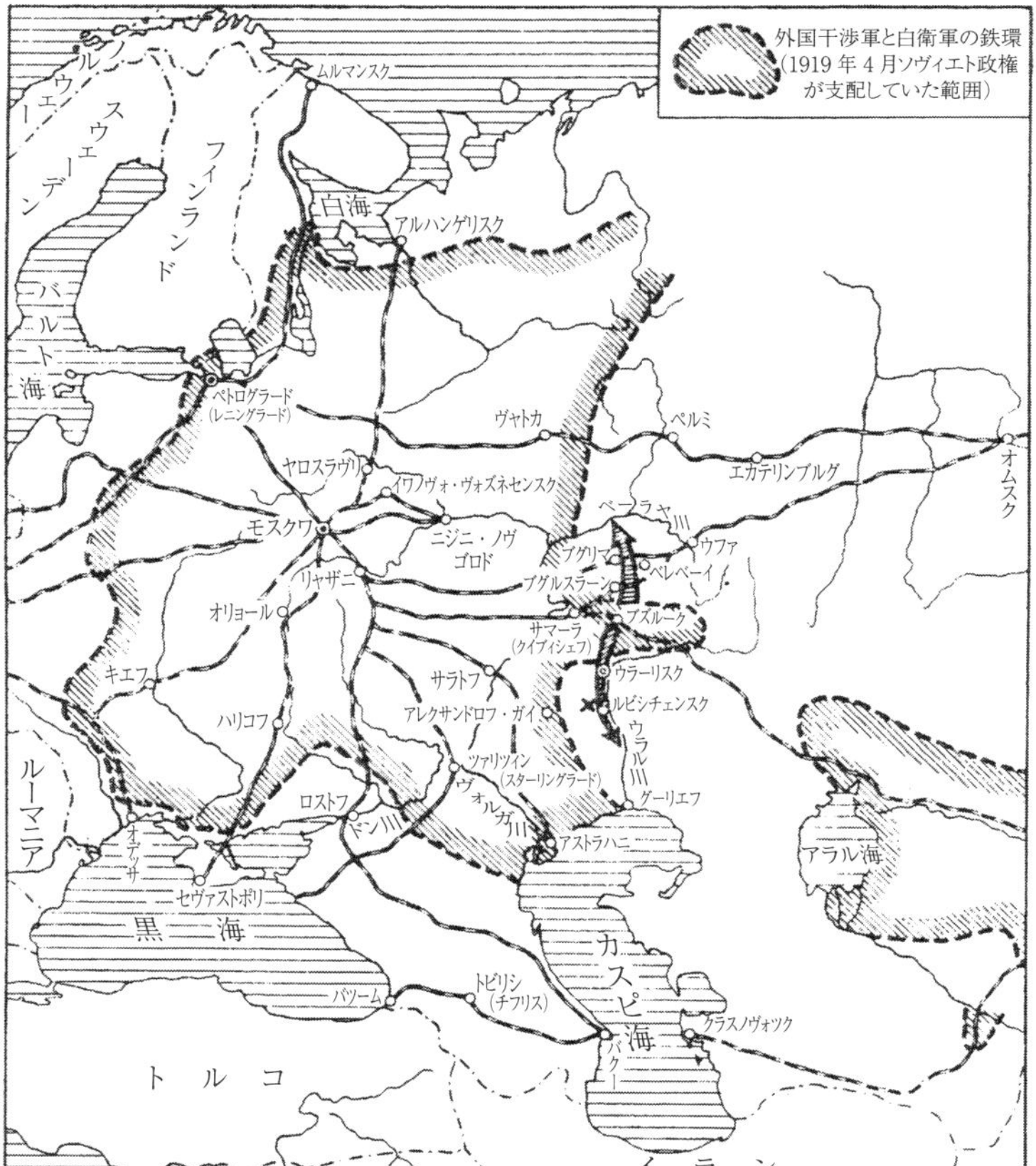

図1 内戦期のヨーロッパ部ロシア(文献(7)富田著, 41頁)

をもって反撃に転じ、前者はワルシャワ郊外に、後者はリヴォフ郊外に到達した。レーニンと総司令部(S・カーメネフ)は、ヨーロッパ革命への飛び火の観点からワルシャワ攻略を重視し、南西方面軍から兵力を引き抜いて西部方面軍に編入するよう命令した。しかし南西方面軍とその後ろ盾たるスターリンは面従腹背の態度をとり、またポーランド軍にフランス軍の急速かつ強力な支援があったため、ワルシャワ攻略は失敗し、講和条約が結ばれた。

ポーランド戦線から解放された赤軍はウランゲリ軍に攻勢をかけ、一一月中旬にセヴァストポリを占領、ついに白軍を国外に放逐し、ここに内戦は基本的に終了した(カフカース、中央アジアでは継続)。

2 戦時共産主義の政策

内戦・干渉戦争期のソヴィエト国家は戦時体制をとり、革命期の労兵ソヴィエトによる直接民主主義的な要素は一掃された。トロツキーは中央集権的な軍隊を再建し、帝政ロシアの職業軍人中の愛国者を将校に就け、これに政治委員(コミッサール)を付けて監視、統制した。企業は中小企業まで全面的に国有化され、最高国民経済会議(ヴェセンハ)の計画・指令下に置かれ、革命期の労働者統制は空洞化した。一九一八年三月にボリシェヴィキから改称したロシア共産党は、左翼エスエルのブレスト講和反対を理由とする政権離脱により一党独裁となり、さらに七月左翼エスエル反乱を鎮圧して独裁を強固にした。

レーニン政権は、戦争遂行のために兵士と都市に食糧を確保する必要から、農民の余剰農産物を武力で徴発した。一九一八年六月農村に貧農委員会を組織し、労働者と兵士を都市から派遣して実施する食糧徴発＝「食糧独裁」は農民の激しい反発を招いた。それは食糧人民委員部が全権を掌握し、地方(県、郡、郷、村)ソヴィエトを空洞化することを意味した。貧農委員会は一一月に廃止され、中農重視が強調されたが、一九年初めには食糧割当徴発制が導入され、地方による割当量変更も許されず、農民からの収奪はいっそう強まった。

農村を主たる舞台とするソヴィエト政権と白衛派との死闘で威力を発揮したのが、チェ・カー(反革命・サボタージュ・投機取締り全ロシア非常委員会)である。チェ・カーは白軍側の将兵を略式裁判か裁判抜きで、容赦なく銃殺する「赤色テロル」を行った(テロル＝恐怖政治はフランス革命に由来。対抗して「白色テロル」も行われた)。コサックは白軍側につくことが多かったが、レーニンはそうしたコサック村を焼き討ちにするよう、非情な命令を下している。

内戦・干渉戦争期の経済は、計画機関による生産財の配分、消費財の配給制、人々による消費財の物々交換が支配的となり、市場と貨幣がほとんど無意味化したため、N・ブハーリンら一部理論家はこれを「戦時共産主義」と名づけた。しかし、実際にはモスクワのスハリョフカのようなヤミ市場が点在し、農村と都市を往復して食糧や消費財を運ぶ「かつぎ屋」商売があり、その補完的作用で回る戦時経済システムであった。

こうした「戦時共産主義」の労働面における現れが、一九一九年四月に始まったスボトニク(共産主義土曜労働)である。レーニンが「偉大な創意」と呼んだ鉄道労働者による休日返上の無償労働は、白軍の攻勢で最も苦境に立たされたソヴィエト政権にとっての救いであった。銃後のうち最も弱体な部門、鉄道輸送におけるスボトニクは、その冬における「全般的労働義務制」導入(トロツキー提唱)の道を開いた。しかし、それが共産主義の重視する労働理念(自己実現と人間改造)にマッチしていたからこそ国家的キャンペーンとして展開され、苦境脱出に貢献したことは否定できない。

同じく共産主義理念のもとに、女性の就労と社会的進出が奨励され、女性を家父長制的拘束から解放するために離婚・中絶の自由と家事・育児の社会化が称揚された。むろん、女性の就労は戦時体制下の労働義務制の一環でもあった。家事労働は、職場に給食があれば多少とも軽減されたが、貴族・資本家から収用した建物を改造した共同住宅の狭い一部屋の生活(炊事場やトイレは共用)では改善の余地は少なかった。託児所や保育所は政府の財政難のため不足し、職場や居所での相互扶助に依存せざるを得なかった。離婚の自由は往々にして、身勝手な男性が養育費を支払わず、女性の負担を増やす結果に終わった(のちに養育費支払いが義務化される)。

社会保障については、一九一七年一一月一三日に「勤労者の社会保障に関する規程」が定められ、医療保障、現金扶助、年金支給、現物給付が謳われたが、これも財政難により一部の人々に対する現物給付のみが現実的であった。各種給付は赤軍兵士と戦死者遺族が優先され、一九二〇年の人民委員会議令は「労農革命に特別に貢献した人物に対する年金」を定めたに過ぎない。一九一八年七月にロシア社会主義連邦ソヴィエト共和国の憲法が制定されたが、そこには「労働の義務」は謳われても、ほぼ一年後に制定されたドイツ・ワイマール憲法にあるような「生活の権利」(いわゆる社会権)、「労働の保護」「包括的保険制度」の規定はなかった。

内戦には、もう一つの内戦、すなわち、先述したような国家による苛酷な収奪に対する農民反乱が伴った。その最大のものは、一九一八年ドイツ占領下のウクライナでパルチザン闘争を始めた無政府主義者N・マフノが率いる農民軍で、一九年後半の最盛時には五万以上を数えた。彼らはデニーキン軍、ウランゲリ軍とも戦ったが、ソヴィエト政権の苛酷な食糧徴発に反対して赤軍とも戦い、二〇―二一年に死闘を繰り広げた末、敗れてルーマニアに逃れた。

中央黒土地帯のタンボフ県では、一九二〇年五月エスエルのA・アントーノフが勤労農民同盟を結成、ソヴィエト政権の苛酷な食糧徴発に反対してパルチザン闘争を始めた。農民軍は四万に達し、反乱は全県に及んだが、A・アントーノフ＝オフセエンコ、トゥハチェフスキーの率いる赤軍部隊によって二一年七月に鎮圧された。西シベリアでも苛酷な食糧徴発に反対して、一九二一年一月に農民反乱が起こり、二月中旬までに一〇〇万平方キロの広大な地域で、共産党の握る地方ソヴィエト当局が打倒された。「共産党員なきソヴィエト政権」をメイン・スローガンとする反乱は、赤軍（沿ウラル軍管区）によって夏までかかって、ようやく鎮圧された。

こうした農民の気分を反映し、共産党独裁打倒（「ソヴィエト万歳、ボリシェヴィキ打倒」）を掲げたのが、一九二一年春のクロンシュタット水兵の反乱である。彼らは一一月革命の精鋭だっただけに反乱は党指導部に衝撃を与えたが、トロツキーの号令のもと、トゥハチェフスキーの率いる赤軍部隊によって無慈悲に鎮圧された。レーニンはその反省から、農民に現物税と余剰農産物の販売を認める新経済政策（ネップ）に転換した。

3　ソヴィエト国家と共産党

一九一八年七月第五回ソヴィエト大会で、ロシア社会主義連邦ソヴィエト共和国憲法が採択された。それはソヴィエト制度を革命の理念を反映して、欧米型議会制度とは異なるものとして規定した。

普通選挙は女性を含むが、旧支配階級を排除したものであり、平等選挙とはいうものの、労働者には小ブルジョアである農民より有利に規定された(代議員一人を選出するのに有権者は都市部が二万五〇〇〇人に対し、農村部は一二万五〇〇〇人)。また、全ロシア・ソヴィエト大会代議員は有権者が直接に選挙するのではなく、市町村、郷・郡、県、州のソヴィエト総会・大会が上級の代議員をそれぞれ選出する間接・多段階選挙であった。投票は秘密ではなく、挙手＝公開であった。

革命の高揚した時期には、末端では直接民主主義が開花し、個々の地方ソヴィエトが高度の自治を要求することもあったが、内戦・干渉戦争が必要とする中央集権化により、ソヴィエト制度は急速に形骸化した。主権を体現する全ロシア・ソヴィエト大会も開催が間遠になり、そこで選出された全ロシア中央執行委員会も立法機関の実質を失い、そこから選出された人民委員会議が行政機関の中心となった。

憲法は自由権をある程度まで規定したが、ソヴィエト国家も階級国家である以上、個人の権利は条件付きで認められたに過ぎない。良心の自由には「反宗教宣伝の自由」がセットとされ、言論・出版・集会の自由には国家が物質的手段を保障すると、資本主義国より有利であるかに思わせて反国家的な言論等を許さない法理であった。ブルジョア政党は一一月革命直後に出版の自由を剝奪されていたし、内戦・干渉戦争に入ると、共産党と赤軍は「味方でないものは敵」と見なし、権力によるテロルが横行した。

ロシア共産党は、左翼エスエルのブレスト講和に反対しての政権離脱と続く七月反乱により、一党独裁となった。一九一九年三月の第八回大会時に、党員は二五万人を数える大衆政党となったが、その常として寡頭制支配を免れなかった。党大会は最高決定機関だが開催が間遠になり、そこで選出された中央委員会も小回りが利かず、結局そこから選出された政治局、組織局、書記局に権力が集中することになった。但し、レーニンが一九二二年に病気で倒れるまでは、人民委員会議議長としてのレーニンが政治局の政策決定もリードしていた。

4　列強の干渉とシベリア出兵

チェコ軍団の反乱は、その救出を名目とする列強の共同出兵をもたらした。一九一八年八月二日日本政府は、かねてより軍部が準備していたシベリア出兵を米国とともに宣言した。兵力は一万二千＝一個師団で列強中最多だったが、その後増派して七万余に及んだ。政府は中東鉄道長官(これは通称で、正規には管理部長)のD・ホルワート将軍を支持し、シベリア派遣軍はG・セミョーノフのコサック部隊を支援してチタ付近まで進出した。さらにオムスクにコルチャーク政権が成立すると、政府はこれと外交関係まで結んだ。中東鉄道の権益を獲得し、同沿線に経済的勢力を扶植しようとする狙いだった。シベリア派遣軍はアムール州イワノフカ村で虐殺事件を起こし、また一九一九年一月の米軍撤兵声明後も撤兵しなかったため、ロシア極東住民の反感を買った。二〇年春にはニコラエフスクで、日本軍将兵と居留民が赤色パルチザンによって殺害される事件が起こった(尼港事件)。日本軍は事件解決までと称して、北樺太を「保障占領」した。

ソヴィエト政権は対ポーランド戦争に集中するために、一九二〇年四月日本との間に緩衝国家「極東共和国」を設立した。これはレーニンの指示に基づくもので、在米経験のあるA・クラスノシチョーコフ指導のもと「社会主義をめざす議会民主制国家」として出発した。同年一〇月セミョーノフ軍が敗退、二二年一〇月に日本軍が沿海州から撤退し、一一月に極東共和国はロシア連邦社会主義共和国に併合された。「尼港事件」以降日本国内では撤兵論がさかんになり、二一―二二年にはロシア飢饉救援運動も起こり、政府が進めていた日ソ国交のための大連会議、長春会議と相まって二五年一月の日ソ基本条約への流れが生まれた。

内戦・干渉戦争期の重要な出来事の一つは、一九一九年三月の「共産主義インターナショナル」(コミンテルン)結成である。ヨーロッパ各国の社会民主主義政党からロシア革命支持派を脱退させて共産党を結成させ、これを本部モスクワの指令下においた。その時点でヨーロッパ革命は、ドイツのレーテ革命が失敗するなど退潮気味であったが、アジアでは朝鮮の三・一運動、中国の五・四運動など反帝国主義の民族運動が続発し、共産党も結成された。それは、資本主義・帝国主義に包囲されたソヴィエト国家にとって、別の形の「息継ぎ」でもあった。

2　布施・中平のロシア体験と観察

内戦・干渉戦争期(一九一八年五月―二〇年一二月)は、とくにそのピーク時には外国人記者の取材は許可されなかった。中平のモスクワ取材は一九一九年七月―二〇年八月、布施のそれは一九二〇年二―六月である。二人は内戦の前半を観察できなかったが、布施は一九一八年六月―一九年二月にウラジオストクで極東、シベリアを観察したので、オムスクを一九一九年六月に発ってモスクワに入った中平の観察と合わせれば有意義となろう。しかも、中平は七月モスクワ到着後ほどなくロシア北西部農村を放浪し、貴重な観察を残している(『赤色露國の一年』)。

1　布施の極東・シベリア観察

(1)チェコ軍団反乱と反ソ諸政権

布施は、チェコ軍団の反乱とその後の情勢を、一九一八年七月に八回にわたって『東京日日新聞』に発表した。正確には、シベリア鉄道沿線の広範囲に及んだ反乱全体ではなく、四月末にウラジオストクに先着したヂテリヒス少将率いる部隊(一万五〇〇〇人)が、六月末にウラジオストク・ソヴィエトを打倒し、ここにトムスクに本拠を置いていた「自治シベリア臨時政府」(ヂェルベル首相)が移転してきたことを主として報道した。

同政府は、シベリア自治、大ロシア連邦の結成、ブレスト講和を破棄して連合国とともに戦う、シベリア憲法会議の招集を掲げていた。しかし布施の見るところ、新政権はチェコ軍団の力と日英海軍陸戦隊の威圧(一月から駐屯)によって成立したもので、資本家を代表する立憲民主党が参加せず、社会革命党中心のため不安定が予想された。

しかもチェコ軍団をめぐっては、東進させてウラジオストクからヨーロッパに戻り、フランス軍の指揮下に入って祖国独立のために戦う当初の目的とは異なって、シベリアに留めて「過激派掃討、独勢阻止」に当たらせようという列強内部の思惑があった。加えて極東では、ソヴィエト政権に敵対するホルワート将軍、セミョーノフ大尉(コサック頭領)が利用しようと目論んでいた。

布施は「某国の或る筋が後援しつつありというセミョーノフ軍」と仄《ほの》めかしているが、これは中島正武陸軍少将(参謀本部第二部長＝諜報担当)、その配下で動いていた荒木貞夫中佐によるホルワート支援(セミョーノフを従わせる)に他ならない。ホルワートとヂェルベルの暗闘の結果は「両者を同時に助けて居った某国の失敗」という記述は、ウラジオストクに陸戦隊を上陸させ、ヂェルベルを支援した加藤寛治海軍少将をも暗示したものである(八月五日の記事では明示)。

(2)日本軍はどこまで進出？

一九一八年八月二日、日本が米国とともにシベリア出兵宣言を出した後も、布施は記事を書いている。五日の記事では、シベリアで六月末に成立した「臨時シベリア政府」(ヂェルベルから離反したヴォロゴツキー首相)と先の「自治シベリア臨時政府」のいずれが主導権を握るか判断しかねている。一九日の記事では、中島少将の「厳冬の到らざるに先《さき》ち貝加爾《バイカル》湖迄進出」の言を紹介し、いまやチェコ軍団救出もどこへやら、情勢によってはバイカル湖以西にも進出し、「我軍の深入りは唯益々自縄自縛の域に陥る」と、その後を思わせるようなことを明言している。

その後布施は、シベリアにおける反過激派統一政府の中心はオムスク政府が占めると見るようになった。ガイダ率いるチェコ軍団という軍事的実力を有し、連合国の承認を得る見込みが高いからだという。しかし、オムスク政府は日本軍のイルクーツク以西への派遣を要望している点が問題だという。布施は、干渉軍がハバロフスクはむろんブラゴヴェシチェンスクも占領し、チェコ軍団救出の目的も達せられつつある中で、イギリス、フランス、アメリカが外交と宣伝に重点を移し、「某国が最も多くの犠牲を払いながら最も多く露国民の怨《うらみ》を買わんとする」と評した日本とは大違いであると憂慮しながら、指摘する。

『東京日日』一〇月七日の「オムスク政変の解剖」なる布施署名記事は、ヴォロゴツキーによる執政府樹立であって、一カ月後のコルチャークによる執政府乗っ取りのクーデタの話ではない。コルチャーク政権樹立の件は過小評価していたようで、一二月末の「米国の対露策」の記事中に、英国によるクーデタ幇助のような露骨な介入を避けて、米国がキリスト教青年会、赤十字社、通商局を通じてシベリアに文化的・経済的浸透をはかっているという文脈で出てくるに過ぎない。日本は、ハバロフスクではカルムイコフ軍の行った蛮行が英国の反日宣伝に利用され、軍事一本やりで評判を悪くしているという。

布施は、シベリアのみならずヨーロッパ・ロシアの情勢も把握しようと努めた。『東京日日』一〇月二〇日の「欧露人の赤誠」なる記事がそれである。レーベデフ大佐からカザンをめぐるオムスク政府軍及びチェコ軍団と赤軍との死闘の様子を聴いた。布施はここで大佐の誠意に打たれて持論を変更し、誠意を以て日本に頼ってくる欧露人のため一個師団程度は西進させ、戦局を一変させ、併せて「露国人民の恩を買う」ことにしてもよいのではないかと書いている。

これに応じてか、『東京日日』一九一九年一月九日の「過激派の末運」なる布施署名記事も、ボリシェヴィキ政権の衰退を指摘するものになっている。最近のモスクワ労兵大会決議では「露国の革命は未だ曽て今日程世界革命に接近せしことなきと同時に、未だ曽て今日の如き危機に瀕せしことなし」と、危機感が露わになった。「その末路の遠からざる又火を睹るよりも明けし」と布施にしては悲観的である。他方では、反過激派が「連合国の恩義」を忘れて、増長していると批判もしている。

この項の最後に、布施のウラジオストクにおける最後の記事「露国と講和会議」(一九年一月二四日掲載)を見ておく。コルチャーク政権はイギリスに後押しされてパリ講和会議のロシア代表になろうとしているが、ウラル以東だけの支配者にその資格は難しく、かといってモスクワに進軍する力量も欠いている。セミョーノフを後押しする日本に対するロシア人の反感はさらに高まっている。布施は、講和会議で敗戦国ドイツよりも低く扱われることを恐れるロシア人に同情するのである。

たしかに、一九一九年一月時点ではソヴィエト政権の実効支配地域は大きくはなく、欧露中心部に留まっていた。しかし、その様子をウラジオストクで外電または郵便でしか知り得ない布施としては、モスクワの政権中枢＝過激派の本拠地を取材したいという思いが募ったに相違ない。

2　中平のウラル以西・北西ロシア体験

(1)オムスク政権支配下からモスクワ入り

中平は、一九一八年一一月に成立したコルチャーク政権のオムスクに一九年六月一六日に到着した。赤軍の攻勢で追われた難民がホテルに入りきらず、列車に寝泊まりする状態だった。彼は前線を通ってレーニン政権の赤色ロシアに潜入するつもりだったが、オムスク駐在の特務機関長、福田政太郎大佐に反対された。

何とかウラル戦線の従軍許可を得て、二三日には出発、チェリヤビンスクを経てエカテリンブルグに着いた。この駅で長時間待たされたが、やはり難民で一杯だった。兵士たちと話してみると、こう語った。「全くどうもやり切れない。四十留《ルーブル》ばかり月給を貰《もろ》うても煙草銭にも足りゃしない。家では家族が飢えて居る。それかと言って、過激派にはどうしても賛成することが出来ない。考えて見給え、財産を分け合う、それは甚だ好いことかも知れぬが、人間は賢いもの、馬鹿なもの、勤勉なもの、怠けもの、正直なもの、ずるいもの、色んな種類がある。一時は財産が平等になっても、やがて又旧《もと》の通りになるのは分かり切ったことだ」。

二五日にペルミに着いた。三日目になって、シベリア軍一時撤退の布告文が貼り出された。人々は赤軍兵士に対して猛獣のような怖れを抱いていたから、われ先に逃げ出した。ホテルに残ったボーイが連れてきた脱走兵は、前日歩哨に立っていたときボリシェヴィキが「お茶を飲みに来給え」とメガホンで呼びかけるので行ってみたところ、次のように言われて納得し、脱走したと語った。「君等は何の為に戦って居るんだ、コルチャークは我々の大敵だ。若しもコルチャークがレーニンに代って見給え、又旧の通り皇帝が出来て地主は百姓の土地を奪ってしまう。君等は我々と同じように百姓の息子ではないか」と。

翌日カマ河をはさんで赤白両軍が交戦した。夕方までには白軍がすべて撤退したが、ペルミ市街はひどく破壊された。その翌日、衛戍《えいじゅ》司令官のもとに出向いて、ウラジオストクで偽造した本社の紹介状を見せたら、快くモスクワ行きの許可証を書いてくれた。兵士たちは愛想が良かった。

七月四日に出発したが、二日目に歩哨の荷物検査にあい、シベリア派遣軍参謀部の従軍許可証が見つかってスパイの疑いをかけられた。大隊本部、連隊本部と引き回されて取調べを受け、遂には赤軍第三軍総司令官ムラーロフの尋問も受けたが、ここでやっとモスクワ行きの許可証を出してもらった。

ペルミからニジニ・ノヴゴロドまでは、汽船に乗ってヴォルガ河を航行した。赤軍兵士との話し合いから、彼らがなぜ労農政府を支持しているかが分かったような気がした。まず、資産階級、とくに地主が叩き潰されたことが痛快だった。青年は旧体制で感じていた圧迫がなくなり、自由になったと思えた。ケレンスキーは戦争を継続したので、前線から脱走した。反過激派軍の蜂起に際しては、帝政復活には反対だから労農政府の側に立ったという。次の波止場での話は省略するが、モスクワには七月二一日に到着した。

(2)モスクワで窮地を脱出

モスクワにはパンがないと聞いていたのに、食糧は案外豊富で驚いた。商店がすべて閉鎖されているのは異様だった。昼食を料理屋でとったが、不味《まず》かった。ある紳士が残った皿をくれと言って平らげたこと、帰途に人相骨柄賤しからぬ婦人に物乞いをされたこと、街の至る所で婦人や小児がパンや砂糖を売っていることに驚かされた。偶然、モスクワに来た外国人はすべて内務省(内務人民委員部)に届け出よという布告を見かけた。

翌日内務省を探していると、外務省(外務人民委員部)に行き当たり、ヴォズネセンスキー東洋局長と面会できた。「外務次官に相談したら外国新聞記者は一人も入れない規定だが、せっかく来たんだから一週間ばかり滞在して帰ってもよい」と言われてホッとした。一週間経って外務省に出頭し、旅行券を、できればもう一週間の滞在許可をもらいたいと申し出たところ、ヴォズネセンスキーは「君が日本政府の探偵であることが判明したので、当分の間拘留する」と告げられた。さらに一週間後、この東洋局長は日本軍の侵攻が迫り、安全のためにクレムリン内部に移ってもらうと告げた。考え抜いた末ポーランド戦線（当時ソ波戦争が進行中）からドイツに抜ける決心をした。

(3)北西部の農村を放浪

ここから先はロシア北西部の放浪の旅だが、紙幅の都合で要約して紹介する。まず概略を先に述べておくと、中平はモスクワからベロルシアのヴィテプスクをめざし、ドヴィナ河沿いにポーランドに出るつもりだったが、モスクワ・リガ線上の都市で逮捕され、モスクワに強制送還された（一九一九年八―一〇月）。

モスクワ市を発って四日目に着いたモスクワ県のヴォロコラムスク郡では、ある農民の家に泊めてもらったが、この年の春は非常な飢饉で「苔《こけ》を噛んで命を繋いだ」と聞かされた。翌日、日本人見たさに集まってきた若者からは、一〇人に三、四人が脱走兵で、脱走兵狩りが行われると聞いた。また「折角苦労して育てた麦を袋ごと持って行きやがる、ちっとばかり金を貰《もら》ったって、靴下一足も買えやしない。暫くしたら俺達はみな飢え死にしてしまうだろう」と言う者がいた。現代の日本人研究者は、まさにこの時期の同郡における「闇食糧取締」部隊による略奪と無法を描いている。

ヴォロコラムスクからは鉄道線路沿いに警備兵を警戒しながら歩き、一〇日余りしてドヴィナ河上流にさしかかったが、ヴィテプスク行きの船舶は革命以来運休していた。そこで北方に迂回して歩き、ある農家で昼食を世話してもらって話し合った。主人は遠くペトログラードに出かけて塩を入手したものの、民兵に没収されたと嘆いていた。都市と農村の物々交換のために鮨詰め列車で往復しなければ日用品が入手できないのである。

その晩宿を探していたら、何と村落共産組合（コムーナ）に泊めてもらうことになった。食堂では男女四十余名が夕食中だったが、そのメニューが牛肉のスープや鶏肉のカツレツで、入露以来一度も見たことのない「贅沢な料理」だった。責任者の青年は地主の息子で、幼少時から農民の境遇に同情していたが、革命で土地は取り上げられてしまった。そこで一年半前に、元モスクワの材木商の建物が空いていたのを貧農とともに占拠し、共同生活を始め、農地と牧場を持つようになった。前年の春は飢饉で馬鈴薯ばかり食していたが、本年は「一般農民の空想だにすることの出来ない生活」をしているのだという。

しかし、組合員に接してみると、いかに働いても収穫を所有できないという不満があった。それでも共産組合を作ったのは、広い土地がもらえ、政府から農具や資金の援助があるからだった。主任の青年は組合員の意識が低いとこぼしたが、組合員は主任が横暴だという不満を抱いていた。中平は「共産生活は、人間の知識的欲望が物質的欲望に打ち勝ったとき初めて実現し得るもので…それまでは決して幸福ではない」という結論を得て、この村を一日で去った。

それから数日して立ち寄った村では、ロシアの農民の「泥棒根性」も目の当たりにしたが、この村からは西進、さらに南進すると、モスクワ・リガ線のセーベジ市に着いた。明日はいよいよ戦線を越えられると思ったが、村役場で捕縛されてしまった。たまたま、この村は当該地方唯一の「過激派村」で、前線だったのが不運だった。その後レージツァに移送されたが、そこは一九一八年一一月にリトアニア過激派が立てた「労農露西亜リトアニア共和国」の首都であった。取調べでは密偵の疑いをかけられた。果たせるかな、政府の命令により「重大政治犯」としてモスクワに列車で送還された。

3　布施の『労農露國より歸りて』

布施は一九一九年二月ウラジオストクから帰国した後、四月エストニアに入り、そこで苦労の末に許可を得て二〇年四月から入露した。六月初めにレーニンとの会見を実現してモスクワを去り、シベリア鉄道で東に向かい、極東共和国に立ち寄り、モンゴル経由で八月に帰国した。その取材旅行記を「労農露國より歸りて」と題して『東京日日』に八月一七日から四四回にわたって連載した。これは当時としては異例なことであり、シベリア出兵中の日本の国民の関心に応えた好企画であった。この連載は、翌一九二一年二月に同名の書籍として刊行された。『労農露國より歸りて』は『露國革命記』のようなクロノロジカルな叙述をとらず、外交、軍事、工業、農業といったテーマ別構成であり、著者の分析と評価が分かりやすい。

書籍と連載の唯一の違いは、書籍には検閲がかかり、数十カ所が点線になっている点で、新聞記事と併せて読むべきことに注意したい(書籍は、配列が新聞記事の順ではなく項目別に整理され、指導者の人物像や旅行印象も含んでいる)。

1　再訪の印象

布施がペトログラードに入って何よりも驚いたのが、かつては華やかな首都の商店の閉鎖、商業の衰退ぶりであった。戦時共産主義下では(布施はこの語句は用いず)、原燃料、機械はむろん、消費物資も国家が統制し、配給する制度だったからである。消費物資の購入は「労働切符」によってなされ、「働かざる者、食うべからず」「能力に応じて働き、労働に応じて取る」原則が文字通り実施されている。

一九一七年の破壊と混乱は、政治警察によって秩序が回復された。みな質素な服装をし、すべてが「プロレタリア式」になっている。何事も衆(集)団主義である。社会革命党は小規模な結社で大物の暗殺をこととしたが、過激派は多数の集団、主として労働者を煽動して政策を実施する。ユデーニチ軍が迫ったとき全ブルジョアの家宅捜索をしたのが好例である(「社会革命党」以下は検閲で部分的に削除)。

集団主義の典型が「(共産主義)土曜労働」という公共奉仕活動であり、「フロント・デー」「鉄道週間」といった示威運動、慰問品募集、あるいは線路や車輛の修繕もその一つである。食事は公共食堂(共産食堂)で摂り、劇場や舞踏も集団で行い、「家庭の団欒」といった旧思想は排除されるというわけである。

2　戦時共産主義の政策

(1)穀物徴発の実情つかめず

この時期のボリシェヴィキ(布施の表現は過激派)の政策の中心は穀物徴発であるが、農民の反抗に手を焼いて貧農委員会を廃止し、商品交換制度を導入したため、「近頃農民の反抗騒擾も殆ど聞かなくなった」と書いているが(二六頁)、これは誤認である。供出穀物に見合う商品(衣類、雑貨など日用品)は軍需優先のため生産が後回しにされていたから「商品交換」は絵空事であった。しかも、一九一九年初めに穀物割当徴発制が導入され、農民収奪はいっそう厳しいものとなった。ウクライナはむろん、タンボフ、ヴォルガ河沿岸やシベリアでは大規模な農民一揆、というより農民戦争が起こったが、報道統制と首都外への移動禁止により外国人記者は知ることができなかった。

「農村赤化政策」として、農業の機械化・電化による労働時間の短縮、他方で工場への付属地分与による都市の田園化が挙げられているが、これまた絵空事に過ぎず、布施も「架空の妄想」と述べている。(生産)協同組合を導入するというが、大農式の宣伝に留まり、「農具で農民を釣る」(一一六頁)ほど農具を生産、供給できていない。

(2)工・商業の集権化と実態

工業化については、一九世紀末から進められてきた上に、第一次大戦期の「戦時工業動員」の貢献が挙げられ、グチコーフらの戦時工業委員会が工業化を促進して労働者階級を増やし、革命を準備する結果になった点に、正しくも着目している（九三―九四頁）。一九一七年革命から約二年はブルジョア階級一掃に力を入れたが、その後はアナーキズムの「奪取分配」をコミュニズム的な「国有共産」に転じて内戦・干渉戦争を耐え抜いてきた。中央集権化、労働規律の確立、（ブルジョア）専門家の重用を柱とする経済政策である。

中央集権化とは、最高国民経済本部（ヴェセンハのこと）が全産業を掌握し、利益（利潤）のためではなく需要に応じて生産を行うこと、国家が一つの会社の如くトラスト（企業合同）を動かすことを指している。労働規律はツァーリ時代の「棍棒規律」と変わらず、それを相互監視によって自覚的なものに見せかけている。ヤチェイカ（工場に置かれた共産党細胞）、工場委員会、職業組合（布施に限らず、professional'nyi soiuz＝労働組合は当時職業組合、職業同盟と誤訳されていた）、さらには「労働同僚裁判」（同志裁判が定訳）が幾重にも労働規律を保障する。そしてブルジョア専門家を高給で働かせるとともに監視をつけて利用する。

私的商業を廃止して配給制を導入したものの、実際にはバザールと「かつぎ屋」なしには流通が回らない（バザールとしてはモスクワのスハリョフカ、ペトログラードのセンナヤ広場を例示）。（消費）協同組合は、実はツァーリ時代からのそれをソヴィエト政権が乗っ取ったものに過ぎない。

3　社会革命的側面

(1)女性解放の諸施策

「おさんどんに迄天下の政治」（三〇頁、中見出し）は、レーニンの「炊事婦も国家統治に参加」の当時の日本らしい表現だが、共産主義の理念である。その内容は第一に、親権・父権を打破して従来の家族から女性を解放することであり、具体的には結婚・離婚法を簡略化したことである。第二に、女性を家事・育児から解放して社会的労働に就かせることであり、具体的には公共食堂や育児院（保育所）を設置したことである。

しかし、すでに指摘したように、こうした政策は理念からだけではなく、全般的労働義務制実施の必要からも生じたものである。また、育児と産婦を保護する政策も、戦時中でもあるため財政支出が困難で、民間・近隣の相互扶助に依存せざるを得なかった。「ブルジョア家族の廃止」＝自由恋愛論（この部分は削除）にも後押しされた結婚・離婚法の簡便化は、戦時中は男不足だったため浮気男に有利だったとも布施は指摘している。ちなみに布施は、「女流過激派の領袖」カーメネワ（カーメネフ・モスクワ労兵会長夫人）にインタヴューして記事をまとめた。

(2)学校教育と識字運動

教育政策は、その理念が家庭教育から社会による教育に転換された。学校教育は義務・無償教育、男女共学であるのみならず、共産主義らしく労働教育を中心に据えたものとなった。八歳から一七歳までの「統一労働学校」がそれである。教育人民委員ルナチャルスキーは布施に、児童の三分の一を収容したと誇る一方、文房具が不足していることも認めた。学校教育では、貧富の差別は認めないが、賢愚の差別は容認し、優秀な生徒、学生を育てる方針だった。また、労働者には工場に付属する学校で学び、知識と技能を修得させた。主として農民を対象に「文盲征伐」（読み書き能力修得)を進め、ルナチャルスキーは赤軍兵士の読み書き能力修得率が一五%から五五%に上がったと誇らしげに語った。

4 共産党とソヴィエト

ボリシェヴィキ政権は一九一八年七月に、全ロシア・ソヴィエト大会で新憲法を採択した。布施はまず議員選挙が、農民は一二万五〇〇〇人に一人、労働者は二万五〇〇〇人に一人と差別がある点について、農村に基盤があるライバルの社会革命党に不利にしたのだと選挙戦略から説明している。しかし、布施は理論に通じておらず、労働者は無産階級で、農民は小所有者階級であるため、マルクス主義の階級理論では労働者が優先される点を見逃している。

布施は、サウエート(ソヴィエト)大会は開催回数が減って中央サウエート(執行)委員会(約二百名)に権力が集中していると見たが、厳密には職業組合(労働組合。約四百五十万人)が政権の実態だと誤認している。その背後にある共産党(約六十万人)に真の権力があるという指摘は正しい。

レーニンの党指導の見事さは「党内の掃除」(出世分子の排除)と党勢拡張を適宜に実施する点にある。一九一九年秋デニーキンがモスクワに、ユデーニチがペトログラードに肉迫した「危急存亡のとき、殆ど労農政府が風前の灯火となった間際に」党員募集をかけ、主義のため、理想のため一身を捧げる人々を集めたことを、その証左と見る。

布施は、サウエート・システムは労農政治の土台であり、レーニンは労農露国の大黒柱だという。もはや土台は築かれたのだから、レーニンが倒れても(事実一度は狙撃された)家屋の建築はできると見立てる。「カピタリズム（資本主義のロシア語）からコムニズムに移るには何《ど》うしても一定の期間は破壊、恐怖、圧制を伴う労農専制時代を経過せねばならぬのは、恰《あたか》も旧い家屋を破壊した後で新しい家屋に住む迄の間風雨に曝されて困苦欠乏を忍ばねばならぬのと同然である」（この部分は検閲削除。『東京日日』一九二〇年九月二六日で補った）。

結論は「今日の白色世界に於て一国だけ独り社会革命の徹底を期するには、先ず恐るべき「労農専制」時代を凌《しの》ぎ通すだけの国民の耐久力と、国家の自給力とを以て必須の条件となす」が、今日までのところロシアはこの条件を備えていることを示したというのである。布施は、ロシアが労農独裁の実験中であることを、イデオロギー的に非難するのではなく、冷静に観察しているのである。

4　中平の『赤色露國の一年』

『赤色露國の一年』は、『大阪朝日新聞』（及び『東京朝日』）に一九二〇年八月二八日から一〇月二九日にかけて五九回にわたって連載された記事をまとめたもので、ここにも検閲削除があった（後述）。

中平は、コルチャーク政権下のオムスク（日本公使も、駐在武官や特務機関員もいた）から白軍の列車でペルミ駅まで行き、赤軍が攻撃して占領した後、衛戍司令官から巧妙にもモスクワ行き許可証を入手してモスクワ入りした稀有な事例である。しかし、その後ロシア北西部を経由してポーランド戦線を越えようとし、逮捕されてモスクワに送還された話はすでに見た。以下はモスクワ送還後の話である。

1　モスクワの監獄と住居

(1)ブティルカ監獄を経験

モスクワではチェ・カーにより留置場、ついでブティルカ(未決)監獄に収容された。囚人にはいろいろな人物がいたが、毎日単調な生活が続いた。食事は粗末で、パンは囚人手製の秤で分配した。量は少なく、いつもひもじい思いをしていた。新聞を読めるのが「せめてもの慰み」で、その頃(一九一九年一〇月)デニーキン軍がモスクワに刻々迫りつつあった。

監獄では、飢えのみならず、虱《しらみ》とも闘わねばならず、老母への思いにも苦しめられた。一〇月二〇日頃に検事の取調べがあり、モスクワ滞在中の家宅捜索で押収されたノートや手紙について厳しく尋問された。手紙は、ウラジオストクを出発するときに本願寺の太田覚眠師に書いてもらった戸泉(憲了)という留学生宛の紹介状だった。そこに、自分はいま困難な立場にあるが、ロンドンの日本大使館に連絡願いたいという添え状が付されていたが、それは誤訳だと抗弁したものの相手にされなかった。

その後中平は回帰チフスにかかり、回復した頃に検事から出獄と言われ、その場に戸泉が現れ、彼が中平のことは責任を負うという念書を書いて、釈放された。中平がモスクワを脱出したとき、右の添え状ゆえに戸泉もペトログラード監獄に入れられたが、先の誤訳抗弁を容れて、中平より先に釈放され、モスクワにやって来たというわけである。誤訳の指摘は「ペトログラード大学教授エリセーエフ氏の力に由るのであろう」と、中平は推測している。

(2) 陸軍大学で日本語教師

その一週間後、二カ月に及ぶ監獄生活から解放され、郊外の別荘地にある保養院に落ち着いた。当時のモスクワは「薪の飢饉」だったので寒さに耐えて三カ月を過ごした。エストニアとの国交により同国経由で入って来た外国人新聞記者の中に『朝日』の委託を受けたアメリカ人がいて、スパイの疑いが晴れてモスクワ市内に一九二〇年三月に戻った。

労農政府は、外国人記者に住居や自動車を提供するなど優待したが、それは厳重監視のためで、外出一つにも管理人の許可が必要だった。給与ももらえず、取材一つできないので、稼ぎ口を探したら陸軍大学が日本語講師を求めていたので、出かけたらエリセーエフ博士に会った。博士は「日本語の達人」だが(革命前七年間日本で生活)、職員室で中平を捕まえては「大声で過激派を罵倒した」(日本語だから分かる人はほとんどいない)。ペトログラード大学が政府に美術品の返還を請求したとき、「過激派は金魚のようなものです(赤いから)それで煮ても焼いても食えません」と冗談を飛ばした(一四四―一四五頁。博士は一九二〇年亡命)。

2　配給制

モスクワの街は商店が閉じられ、政府直営店の前には「一町も二町も続く長い列をなして順番の来るのを待って居る男女の群」が目につく。しかも、商品を実際に切符で購入するために手続が面倒で、時間がかかり、品切れになったりする。販売人は役人だから威張っている。商店の前に自由市場があるが、その品物は販売人＝役人が帳簿をごまかして友人、知人に売らせているに過ぎない。

物価は高く、給与は低いのだが、どうして生きていけるかというと、大抵の官庁や工場に食堂があって従業員は昼食をとることができるからである。農村からは農産物が届かず（徴発され、運輸事情が悪いため）、市内の共同食堂ではシチー（キャベツ入りスープ）に馬鈴薯、塩鮭の切れ端があれば「飛切の御馳走」である。食糧券は、筋肉労働者、精神労働者、その他の無産者、旧貴族富豪の四等級に分かれ、それに応じて例えばパンは一日一フント、半フント、四分の一フントという差別があり、第四等級は何ももらえない。

家屋はすべて国有化され、各家族に部屋が割り当てられるが、管理人が適当に差配し、食糧の配給をごまかしている。その結果、ご主人が黒パンを、女中や料理人が白パンを食べる珍現象も生じている。（以下は検閲削除）

3　ソヴィエト制度とレーニン

(1)ソヴィエト制度の説明は、布施による説明と変わるところはない。選挙干渉があることや、議論をしても採決せず提案を新聞発表して決定がなされたかのようにすることが加えられたくらいである。中平は一九二〇年五月に全露中央執行委員会を見学したが、議員が服装に頓着せず「正真正味労農の代表者という顔付でかしこまって居るところが嬉しかった」という。この日の議事は、国際連盟の視察委員を受け入れるか否かであったが、外相（外務人民委員）チチェーリンは、ロシアに武力干渉しているポーランドの委員は除いて受け入れようと提案し、「一人の異議もなく可決せられた」。「議員の不熱心な態度を見ると国家の重大事を議する素養があるかないか、それさえ怪しく思われた」という。

(2)このあとは六月初旬のレーニンとの会見内容が紹介されるが、これは行論の都合により後述する。生い立ちと経歴も省略する。

中平がモスクワを脱出して四日目、農民と会うと「神様はこんなに好く麦を育てて下すったのに、ボリシェヴィキは神様は無いものだと言いやがる」という常套句を口にすると、大概の農民は非常に喜んだが、例外もいた。その農民は「坊主が神様をダシにして贅沢をして居る」、レーニンは偉い男だ、去年モスクワに行ったとき帽子も冠《かぶ》らず労働者に演説していたので「俺はこれを見て一層レーニンが好きになった」という。但し、こう付け加えてもいた。「レーニンだけは好いが、他の奴等は皆可《い》けない。ボリシェヴィキだと言って大きな面をしやがって狡猾《ずる》いことばかりして居やがる。俺はそれが気に食わねえ」と。

レーニンはトロツキーと比較され、後者が恐怖手段を用いるのに対して、温厚で菩薩のように思われているが、それはレーニン神格化のプロパガンダの結果である。中平は「その相貌を一見しても判る通り彼の性質は残忍である。…彼こそ無産階級専制により有産階級を根本より撲滅せんとした発頭人である」という。「レーニンがマルクスを信ずるならば、何故に今少しく自重して露国民衆の自覚するを待たなかったか」。しかも彼は世界革命を唱えて「全世界を攪乱せんとする其の政策は憎んでも尚余りがある」とまで言う。

たしかに、中平はチェ・カーに投獄され、ロシア北西部の農民の貧困と飢えを目の当たりにしてきた。しかし、彼は内戦における「赤色テロル」も、レーニンの指示による白衛派コサック村焼き討ちも指摘してはいない(むろん、後者は当時、否ソ連期全体を通じて極秘だった)。貧農委員会による穀物徴発や、穀物割当徴発にもほとんど言及していない。冷静な観察よりも感情論になっていると言わざるを得ない。このレーニン論は「我日本の国体と国民性を知らずして、露西亜式の宣伝をそのまま我国に行わんとする彼等の愚を憐れむものである」と締めくくられているのである(一八九頁)。

4 戦時共産主義

(1)中平は労農政府の農業政策を論じているが、一一月革命における「土地の社会化」の意味を理解しておらず、土地は国有化したが、農民に私的利用を許したと述べるに過ぎない(共同体＝ミールの復活は見えていない)。模範農場、コムーナに関する自分の叙述も「大部分将来の計画である」と自ら認めているのである。ロシア北西部の開墾が進んでいないというのは、放浪で得られた観察である。

(2)その一方、工業政策は、企業の国有化、最高国民経済委員会(会議)による計画と物資配給、企業をトラストに統合した上での政府の統制指導、さらには全般的労働義務制と「労働の軍隊化」など、およそ布施と同様の観察をしている。「共産主義土曜労働」が自発的な装いをとった労働奉仕の強制であることも指摘している。

工場では、賃金の悪平等もあって、労働者は働く意欲を失い、仕事に出ない、出てもサボタージュする、工場の資材を使って公然と内職するという実態も指摘されている。ある「模範工場」での職工の話によると、この工場では出勤率は割に好いが、「サボタージュをやって一日平均二三時間しか働かず、自転車の職工は大概、部分的に部品を持ち出して行って自宅で組み立てて密売して居る」とのことであった(一九三―一九四頁)。このあたりの観察は、先の配給制、公共食堂のそれと併せて布施より鋭い。

(3)労農政府が自由商業を禁止し、配給制を実施していることは先に述べた。商品の配給は、各人の労働時間を記録した労働手帳に従って切符でなされる。しかし、食糧や日用品を入手するために自由市場も不可欠であり、その限りで通貨が流通する(右の内職もその一つ)。そこで政府は新紙幣を発行し、平価を切り下げて通貨の流通を制限する。それでも通貨は増えるので、また平価を切り下げる政策を繰り返している。つまり、私有財産制度の廃止、市場と通貨の廃止は建前に留まり、その統制に政府は苦労していたのである。

5　社会革命的側面

(1)労農政府は子供の保護に力を入れ、国民一般が苦しい生活をしていても、子供には比較的楽な生活をさせている。それは、子供は家庭から切り離して国家が育てるということであり、子供の家や子供の園(コロニー)を提供するとともに、四歳から一七歳まで幼稚園、学校で教育するということである。学校は義務であり、無償であり、しかも労働と結びついた教育を行う(統一労働学校)。知識や書物中心の学習ではなく、実際的な知識を修得させ、将来の職業への準備を行う。

中平は統一労働学校を二、三参観し、生徒手作りの椅子やテーブルなどを見るとともに、生徒の労働報告集から石鹼作りの様子を紹介している。統一労働学校を卒業した者が入学するのが労働大学であり、普通の大学である。

(2)労農政府は、一般社会教育にも力を入れている。図書館、博物館、クラブ、文盲一掃運動などである。パンフレットの配布やポスター掲示も、その手段である。中平は「露国の文明は長足の進歩をするか何《ど》うか」にはやや疑問を呈し、「文字の教育が精神文明を向上せしむる一助となる」かどうかにかかっているという。

(3)女性解放は、カーメネフ夫人によれば革命以降大いに進み、社会の各職業に進出している。結婚制度、両性の愛情に基づかない、親に強いられたような結婚に否定的な意見を持つ女性もいる。他方、社会の健全な発達のためには男女間の道徳に厳格な規律があることが不可欠だが、革命後宗教が「認められず」、男女間の道徳が自由になったため「女の貞操問題は識者の中に喧《やかま》しい問題になっている」。「労農政府は頻りに売笑婦と闘っているが、専門の売笑婦が殖えてゆくのみか、普通の女が売笑婦同様に堕落しつつある」。

以上のように中平の観察は、工場生活に対するように鋭いものもあれば、女性観のように日本の道徳に縛られたような見方を示すものもある。

補1　布施・中平のレーニン会見

1　『東京日日新聞』一九二〇年六月一〇日

レーニン親分は快く予を迎えて曰く「予は貴下と面会することを喜ぶものなり。最近数年間日露両国間に多くの事件起り、日本の或閥族に属する人々の中には尚吾等に就き態度を改めざるものあれど、而も予は日露両国の関係の将来を楽観するものなり。吾等は緩衝地帯国家の独立を承認したるが、予は近き将来に於て極東の平和を復旧し得べきを信ずるものなり」。

　予はレーニン氏に問うて曰く「貴下は昨年の秋吾等の為に困難なる時期は既に過ぎ去れりと贅《ぜい》言《げん》されたるが、貴下は果して前途に困難なしとせらるるや」。

　レーニン氏は曰く「予は、最も困難なる時期が既に過去れる意味を述べたるのみ。吾等の前途が尚多難なるは言うに及ばず」。

　予は更に問を進めて「貴下は、封建制度より資本主義に到る為に三十年を要したり〔内務当局の注意により以下五十六字削除〕」。

　之に対しレーニン氏は「其期間を確定的に定むることは困難なり。斯くして旧制度を顚覆するには長き年月を要せざれども、新しき制度を建設するには短き年月を以てしては不可能なり。吾等は工業及農業に電力使用の計画を実現せんとしつつあり。電力を使用せずしては〔同上六字削除—共産主義建設〕実現せられず、其の電気応用の計画には万事が好都合に運びつつ尚十年の期限を予定せざる可からず。十年という期限が、最極限度に短く見積りたる場合に於ける吾等の新制度の設定に要する期限なり」。

レーニン氏は予に、日本に於ける土地問題及階級関係の諸問題に付質問を発し、次に日本が子供を如何に取扱いつつあるかに付問を試みたり。

之に対し予は「日本にては西洋よりも余程子供を大切に育てつつあり」と説明したるに、レーニン氏は「そは最も大切なる事なり。欧米に於ける最も開化せる諸国殊に瑞西《シュヴェイツァリヤ》〔スイス〕の如きに於てさえ未だ学校に於て子供を殴打する習慣を棄てず」と。

予は更に問うて曰く「貴下は社会主義と資本主義国と善隣の関係を有し得べきかに付如何なる意見を有せらるるや」。

レーニン氏曰く「資本主義国と共同に生活する事に関する特別の条件に就ては詳しく条約案を作成したるが、右は先頃米国代表者ブリット氏が華盛頓《ワシントン》に於て発表したるも条件は我々の為には極めて不利なるものなりき。英仏諸国は之を見て労農国が己の弱き事を自覚して譲歩すべく準備せるものとなし遠征軍を派遣したるが、其結果は各列強の失敗に終れり。吾等は根本的にコルチャック、ユデーニッチ、デニキン軍を倒せり。

更に予は「共産主義は西欧と東亜の何れに於て成功すべき多くの機運を有せりや」。

之に対し氏は曰く「共産主義は当分唯西欧に於てのみ成功を収め得べし。併《しか》し西欧は東方の生産にて生活しつつあり。欧州帝国主義の国々は主として東方に於ける植民地に依りて徳〔得〕を得つつあり。然れども彼等は斯くて西方を征服すると共に彼等自身の為に東方に於て穴を掘りつつあり」。

予は最後にレーニン氏に対して「労農政府に横たわれる金融問題如何」と問いしに、彼は確信ある語調を以て「第一、波蘭《ポーランド》の地主等を撃破する事、第二、永久の平和を建設する事、第三、我経済状態を改善発達せしむる事、是なり」。

＊記事には「追記」風に「今回の談話は予が全莫斯科滞在中最も心易き談話者との間に試みたる最も興味ある談話なりき」「予は露国の或白色新聞が…無意識の中にレーニン氏の才能の謳歌者若くは彼の崇拝者となりしにあらずやとの批評を為す者あるに至りし程、予は彼が革命に於て演じたる役割の大なる意味を認むるものなり」とある。

2 『大阪朝日新聞』一九二〇年六月一三日

レーニン氏は、「予等」(布施と中平)が質問する前に、露国労農政府が平和的態度を示したにもかかわらず、日本政府がこれに応じようとしないのは頗《すこぶ》る遺憾だと口火を切った。

ついで、日本には「地主的権力階級」があるか、日本の農民は土地を自由に所有しているか、日本国民は主として国内物資により生活しているのか、それとも多くを外国からの輸入に依存しているのかと、たたみかけるように質問した。氏はまた、日本では父母がわが子を殴打することがあるかと尋ねたので、日本にはそのような習慣はないと答えたところ、大いに感心していた。

露国の革命運動の歴史及び将来に関する質問には、氏は以下のように答えた。労働者、農民は比類のない圧迫を受けていたので、反抗心が際立って強く、組織能力が弱く、教育程度も低いにもかかわらず、革命を成功させることができた。「二年半に亙る革命の経験に因って著しく政治的及社会的訓練を経、此の方面に於て得たる経験は優に数世紀の発達に匹敵すべし」。

ついで予等が、労農政府が帝政時代の国債を破棄したにもかかわらず、エストニアとの講和条約にあたっては巨額の金貨を支払うと約束したのは何故かと問うと、レーニン氏はエストニア政府が示した好意に報いるためだと答えた。氏は、総じて有産階級を相手にするのは困難で、米国の講和提議なども「略奪的性質」のものゆえ、主義上受け入れなかった。連合国が労農国の承認を拒み、干渉を試みる期間が長ければ長いほど「労農主義者に取りて却って利益となるべき道理あり」という。

氏によれば「露国産業の前途は有望なり。電気事業の如きその発達を遂ぐるに於ては、全産業を電化し、共産主義の創造能力はやがて是等の諸問題を解決する上に大なる効果を齎《もたら》し、数十年に匹敵すべき大進歩を見るに至らん」。

《コメント》

レーニン全集（露語）には中平、布施の順でインタヴューが掲載されている。二人が六月三日に二人揃って（日本時間では四日）に三〇分インタヴューしたことは、アルハンゲリスキーの研究でも明らかだが、事前に厳密に打ち合わせて臨んだとは思えない。布施は質問状を提出していたが、「日本の労働運動をどう見ているか」「日本人民へのメッセージ」は取り上げられていない。

中平の記録に出てくるエストニアの話は、布施の記録には出てこない。また、布施の最後の質問「労農政府に横たわれる金融問題如何」は「緊要問題」の誤りに相違ない。二つを比較すると、自信家の布施があたかも単独インタヴューであるかのように書き（実際日本での報道は中平より早かった）、かつ、「追記」の高揚した気分から見てもやや脚色したのではないかという印象を免れない。

それにしても、アルハンゲリスキーは、日本では新聞記事を見て「街じゅうが驚き、われを忘れた」とか「レーニンの名は誰もが知っていた」などと、よくも言えたものである。旧ソ連のジャーナリストがいかに、真実よりプロパガンダを重んじていたかがよく分かる。

補2　大庭のその後と最期

1　極東共和国体験

大庭は一九二一年五月にロシアに入国したが、その後の足取りは所属する『読売新聞』も暫くはつかめなかった。ようやく六月二〇日に「大庭氏健在　目下斉多《チタ》に在り」と報じられた。それによれば、満洲里を発って鉄道で西方に向かった他の四人が行方不明になるか、銃殺されたのに対し、大庭は久保田、恩田とともにチタ（極東共和国の首都）にいることが判明した。

その大庭が『読売』に寄稿し、七月五日に第一報が、一五、一六、一八の三日間に「見たままの極東共和国」が掲載された。第一報によれば、チタはにぎやかで、商業の大部分は支那人が握っている。政府の人気も「一般にいい方」である。日本に対しては、通商関係が開かれようとしているのに(正確には八月から大連会議開催)、駐兵を継続していることに対する不満が言論界に強い。

「見たままの極東共和国」は、およそ以下のような内容である。まず日本人は八人しかおらず、うち五人は特務機関関係者である。残る三人は旅行者、商人、そして自分である。住民の同共和国に対する評価はまちまちで、一部に不平もある。「不徹底な共産主義的施政に、片輪《ママ》な民主政治を行いつつある」「両頭の蛇たる観ある」というのは大庭の表現だが、工業(石炭、鉄鉱、木材等)と貿易を国家独占下に置きながら、私的商業も許容し、他方大統領制をとって議会の意思を十分に反映していないことを指すものと思われる。この頃はロシア本体もネップをとっており、レーニンは日本との間の「緩衝国家」としてネップ以上の譲歩をしたのである。

大庭は、共和国政府機関紙に依頼されて日本の言論界における共和国観を書いている(現物は未確認)。それによれば、「第一がレーニン政府の直接の出店と見做すもの、第二は莫斯科《モスコー》政府からは独立しておるが、共産主義を実行せんとするものとの観察、第三は民主政府(政治)を遂行するもの」。大庭自身はチタへ来るまでは第一の見方だったが、来てからは第二の見方に変わったという。しかし、記事を読んだ政府関係者は大庭の見方を否定し、民主政治の国であることを強調した。

大庭はまた、ロシア人の我慢強さを指摘する。およそ役人は大臣から兵卒に至るまで、一カ月にパン一二斤、肉片一斤四分の三しか受け取らず、現金給与はない。それでも不平を言わず、ある婆さんは「ニチェウォ、ペレヂョーム」(何あに、まあやって行きますワ)と言う。苦しいことは多いが、レーニンも欧露の飢餓を認め、人々に辛抱を求め、その「無言の裡に同意」を得て政策を実行している。セミョーノフ支配のときの方が生活は楽だったが、「アタマン」政治(コサック式軍閥政治—原文)にはコリゴリしているのである。

大庭はユーリン外相と会見したが、彼はしきりに三井、大倉のことを尋ねてきた。「森林でも鉱山でも相当な租借談を開くことに躊躇するものではあるまい」とあるのは、レーニンの提唱で始まった資本主義国への利権《コンツェッシア》供与を極東共和国でもやろうという意味で、大庭は日本の商工業者が代表団を派遣するよう勧告したいと書いている。

彼はまた、チタの後貝加爾《ザバイカル》州購買組合連合本部(州の二百余の購買組合の連合本部)を訪ね、傘下の靴工場、印刷工場、家具製作場、農具製作場、鍛冶工場、石鹸蠟燭《ろうそく》製作所等を見学した。「政府から全く独立した人民自治の此経済機関が、今日の窮乏時期を過すに、どれ程有力な援けとなっておるかは言うまでもない」とあるが、協同組合の形式を取るから自治的とは必ずしも言えず、国家の統制を受けていることはロシアの例が示している。

2　モスクワでの投獄、死亡

大庭は七月一三日には同じ『読売』記者の富永宗四郎とともにチタを出発し、二八日にはイルクーツクに到着した。なぜか、この大庭本人の記事は大幅に遅れて『読売』翌年二月一〇日に掲載された。彼によれば、入国手続中ではあるが、食糧は十分に支給され、健康は良好である。ここイルクーツクでは「共産制度」が予想以上に普及し、私営の商店は一つもない。食糧と衣服は公給であり、家屋は割り当てられ、夜間公開の小演劇は無料である。「物資に多少不足はあるにしても、市民は一般に新政に満足を表しておる状が見受けられる」。

同じイルクーツクから、チタを遅れて出発した久保田栄吉が八月一〇日付で出した手紙が、九月五日の『読売』に掲載された。趣旨は右大庭記事と同じだが、二人は一六日にはモスクワに向けて出発する予定だと記している。伝記を書いた久米茂は、大庭は七月二六日イルクーツクで拘束され、同地を九月一日に発ち、一〇月一日にモスクワに到着したと記している。

研究者山領《やまりょう》健二の論文「大庭柯公の行方」は、富永宗四郎、和田軌一郎、田口運蔵、高尾平兵衛、久保田栄吉の回想記の比較検討から、およそ以下のように説明している。大庭がモスクワ行きを実現できたのは、ロシア語に堪能でモスクワ陸軍大学に日本語教師として赴任する予定の久保田に極東共和国外相代理のポポフを紹介してもらい、首相クラスノシチョーコフから入露許可を得た。そして、富永を誘って七月一三日モスクワに向かい(久保田は乗り遅れて四日後に出発)、イルクーツクには一六日に着いた。ところが、モスクワ入り許可が下りず暫時の滞在を余儀なくされた。その間に、イルクーツクで開催される予定の極東民族大会の関係者と知り合ったが、二三日に三人とも逮捕された。大庭と富永は数日で釈放され、モスクワ行きを許可され、モスクワには九月一〇日に到着した。

ところが、コミンテルン来客用のホテル・リュクスで二人は軟禁状態に置かれ、あまつさえコミンテルン書記局から帰国を要求された。富永はドイツに出国し、大庭は和田、高尾と同室者となった。モスクワ官憲の大庭に対する評価は芳しいものではなかったが、一九二二年一月末モスクワで開催されることになった極東民族大会に、田口の働きで審議権のみの(議決権を持たない)代議員兼通訳として出席することを許された。大庭は大会後、ドイツ経由での帰国を希望したが、許可は容易に得られなかった。コミンテルン執行委員の片山潜には、相手の都合で会えなかった。

コミンテルン書記局のピークあて二二年四月二一日付書簡には、大庭がモスクワ―ベルリンの旅券を持ってベルリンに向かうと書かれている。ところが、この日にヴィンダフスキー駅を出発しようとする列車の車内で逮捕され、ブティルカ監獄に収監され、五月七日付手紙で、コミンテルン執行委員のラコシに救援を懇願している。日本の高尾やコミンテルン執行委員の片山も釈放に動いたことは山領論文に書かれているが、それは割愛して大庭が一一月一五日に釈放されたこと、しかし七月二二日に「無罪、国外追放処分」とされ、一〇月には「日本送還」の指示が出されたこと、以降の行方が判らなくなってしまうことだけを紹介する。その後も『読売』には「健在」「帰朝の途中」「釈放」といった希望的観測が二四年まで流れ、同年には「大庭柯公虐殺真相調査会」も発足した。

結局、友人たちが発起人となって一九二五年二月一八日に鶴見の総持寺で葬儀の法要が行われた。戦後一九四八年九月になって、一九二三年に訪露して「民間外交」の担い手を自負したジャーナリスト内藤民治が、片山から預かった(官憲に没収され、返却後は土蔵に眠っていた)遺稿を公表した。それには片山が伝聞として知った大庭の最期が、次のように記されている。「大庭は軍事スパイの疑いがあったようだ。しかしオレは、そんなことはないと何度も政府の要路者に進言した。オレが方々で調べて知っているところでは、ベテルスカヤ〔ブティルカ〕監獄からペトログラード連隊に引き渡され、そこから釈放されてシベリアのクラスノヤルスク付近まで行ったが、そこで村の酒場に入りロシア人とケンカして殺されたということだ」。

真相は今日に至るも不明である。それにしても、大庭の国権主義者から共産主義シンパへの変貌は彼が「時代の子」だったことの証であり、その多彩なロシア経験はなお輝きを失っていない。

第3章

布施勝治と黒田乙吉

ネップ期をどう観たか

ネップ期の市場

	ロシア・ソ連	世界と日本
1921. 3	8-16 第 10 回党大会：ネップ開始	下旬　ドイツの蜂起失敗
4	南部で飢饉始まる	欧米日で飢饉救済運動
6		22- コミンテルン第 3 回大会
1922. 4	3 スターリン，党書記長に	
		16 独ソ間でラパッロ条約調印
5	26 レーニン病に倒れる(9 月復帰するも 12 月再発)	
11		4- コミンテルン第 4 回大会
12	30 ソヴィエト社会主義共和国連邦成立	
1923. 1		26 ヨッフェ・孫文協定→国共合作
6	9-12 民族問題に関する党中央会議	
10		ドイツの蜂起失敗
	8 トロツキー，政治局多数派を批判	
1924. 1	21 レーニン死去→記念入党運動	
2		1 イギリス，ソ連を承認，数日後イタリアも
5	23-31 第 13 回党大会，スターリン書記長留任	
1925. 1	15 トロツキー，陸海軍人民委員辞任	
4	27-29 第 14 回党協議会：ネップ強化	
12	18-31 第 14 回党大会，新反対派敗北	
1926. 4	6-9 合同反対派結成	
10	26 トロツキー，カーメネフ政治局員罷免	
1927. 4		12 中国で蔣介石が共産党を弾圧
5		26 英ソ断交
12	2-19 第 15 回党大会，五カ年計画の最初の指令，穀物調達危機	
1928. 3	10 シャフトゥイ事件発覚	
7		17-9.1 コミンテルン第 6 回大会
1929. 2	9-10 ブハーリン，ルイコフ，トムスキー批判	
4	23-29 第 16 回党協議会，五カ年計画確定	
10		24 ニューヨーク株大暴落
	27「階級としてのクラーク絶滅」宣言	

1　ネップ期の社会と政治闘争

1　市場経済導入から計画経済へ

(1)市場経済と社会政策

一九二一年三月の第一〇回党大会は、クロンシュタット反乱を鎮圧する一方で、その原因である農民に対する厳しい穀物徴発に代えて、現物税を導入し、余剰農産物の市場販売を容認した。内戦・干渉戦争期に工業生産は七分の一に低下し、ペトログラードの人口は二〇〇万から七〇万に激減していた。経済復興のためには生産の回復、とくに農業生産の回復、農民の協力が不可欠だったのである。

しかし、内戦中に播種が減少し、農地も荒廃していたのに加えて旱魃があり、ウラル、ヴォルガ河沿岸、北カフカース、ウクライナ、クリミアが大規模な飢饉に見舞われた。約三〇〇〇万人が餓死したとされ、サマーラからのソヴィエト大会代議員は、事態がカニバリズム(人肉食)にまで至ったことを訴えた。飢饉救済のために極地探検家F・ナンセンが国際的なネットワークを組織し、ソヴィエト政権も隠すことなく外国の支援を求めた。飢饉は二二年夏まで続き、ネップが実際に始動するのは二二年後半からになった。二二年一〇月制定の土地法典は、農民慣習法を多く取り入れ、「土地利用形態の自由」を謳ったものである。

農民に余剰農産物の販売を認める以上、工業製品が市場に提供される必要があり、小企業が国有を解除され（賃貸に出され）、また市民が自由に小企業を設立できるようになった。市場経済化は、国有企業がホズラスチョート（独立採算制）に移行し、労働者に賃金を現金で支払い、公共サービスが有料化され、食糧配給制も廃止される形で進行した。こうして一九二二／二三年度（一〇月一日―九月三〇日）までに、全小売商業の七八％が私的商人の手に移った。ネップマンの台頭である。

レーニンはネップを「戦略的後退」と位置づけたが、それに納得できず、受け入れられない共産党員もいた。とくに内戦・干渉戦争期に特権的に保護されていた首都モスクワの党員は、ネップ導入に動揺した。秘密結社が作られ、党要人に対するテロルを準備していたという。内戦期に「労働者反対派」に結集した有力党員が、労働者の利益とプロレタリア民主主義を掲げて分派的な活動に出た。

他方、ネップにとっての黄信号も現れた。トロツキーが一九二三年四月の第一二回党大会で指摘した「鋏状価格差」危機である。工業製品価格の上昇と農産物価格の下落であり（図1）、農民を重視するネップにとって危険な兆候であった。同年一〇月に工業製品価格は戦前に比べて農産物価格の三倍にもなった。農業の復興に工業の復興が立ち後れ、工業製品がコスト高である上、流通経費も嵩《かさ》んでいたからである。このままでは、進行するインフレもあって農民の負担が増すばかりであった。

そこで一九二二年七月から実施されたのが通貨改革、つまり新貨幣チェルヴォーネッツの発行＝デノミネーションである。通貨の切り替えは二四年二月までかかったが、インフレは終熄し、一九二三／二四年度に国家財政は均衡し、工業製品価格は二三・三％も下落した。この年通貨が一本化

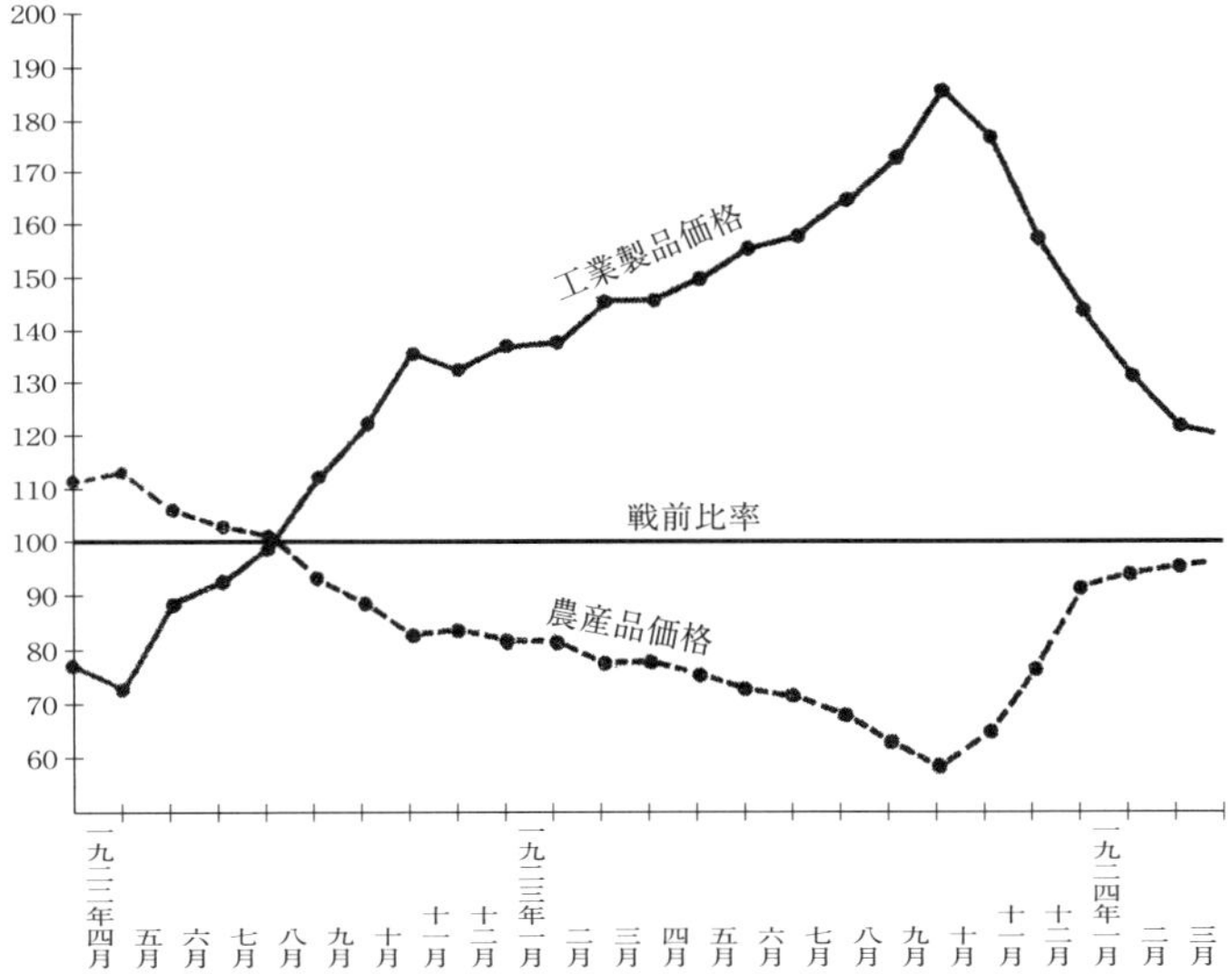

図1　鋏状価格差
農産物および工業製品の小売価格の相対的運動を示したもの．1913年におけるそれぞれの比率を100とする．（文献(4)ドッブ著，200頁）

されたことにより、現物税は貨幣税に変わった（農民所得の一五％、以前は二五％）。また「社会主義的原始蓄積」論をとるE・プレオブラジェンスキーによる工業製品価格の引き上げ提言は退けられた。

一九二二年から二五年にかけて、土地の賃借は全農家の二・八％から六・一％へ、労働力の雇用は一・〇％から一・九％へと上昇した。クラーク（高利貸を兼ねた富農）の登場が語られ始めた。二四年五月の第一三回党大会におけるL・カーメネフの報告によれば、農民経営に占める貧農、中農、富農の割合は七四、一八、八％、播種面積に占める割合は各四〇、二五、三四％、家畜頭数に占める割合は各五〇、二五、二五％だった。

富農のうち、勤労的な篤農と搾取的なクラークを経済的指標だけで区別するのは難しく、クラークはやがて政治的な指標(ソヴィエト政権に対する態度)で判断されるようになる。

二五年五月に土地法典が改正され、土地の賃貸借期限は六年から一二年に延長され、賃労働者の雇用条件も緩和された。二二年法典の「土地利用形態の自由」は、共同体的土地利用(狭い地条と頻繁な割替、三圃制)を制限し、区画地的土地利用(革命前P・ストルィピンが創出に努めたフートル・オトルプ農＝共同体から離脱した個人農)を推奨するものと解釈された。ブハーリンは、農民に「豊かになれ」と呼びかけ、G・ジノヴィエフは「農村に面を向けよ」を党のスローガンとして打ち出した(一九二五年四月第一四回党協議会)。「農民同盟」という独自団体結成の要望も広がっていた。

「農村に面を向けよ」スローガンは「ソヴィエト活発化」政策となって現れた。当時のソヴィエト権力は末端にまで及ばず、村のレベルは伝統的な共同体の強い影響下にあった。村ソヴィエトは財政的基盤が弱く、行政は共同体(当時の法律用語で土地団体)が代行していた。共産党はそこに階級路線を持ち込み、村ソヴィエトにおける貧農の比重を高め、クラークの影響力を弱めようとしたのである。しかし、一九二四―二五年の村ソヴィエト選挙は党の望むような結果にはならなかった。

労働者・職員は内戦期に六五〇万人(一九一三年は一一〇〇万人)まで激減したが、工業復興のための措置も一九二二年から採られていた。同年の新労働法典は、八時間労働日、二週間の有給休暇、各種の社会保険(疾病、失業など)を規定し、賃金及び労働条件は経営者と労働組合の団体協約によって定められることになった。女性労働者の産前産後六週間の休暇が認められた。大飢饉で都市にあふれた数百万の孤児とその犯罪の対策としては、未成年者の勤労教育と児童の子供園での教育という形の公的保護が提供された。

(2)工業化への力点移動

しかし、一九二四／二五年度には「鋏状価格差」が再び現れた。当時「商品飢饉」が論じられたが、国有工業の製品が農村に浸透しないのは、農村の手工業(クスターリ工業：製粉、皮革、搾油など)が、農民の需要に合う製品を提供していたためだとは把握されていなかった。二五年一二月の第一四回党大会は、トロツキーに同調したジノヴィエフ「新反対派」の主張を退けながらも、慎重な言い回しで工業化の必要を説いた。実際、農業総生産高は一九二五年に、工業総生産高は二六年に戦前水準を上回るようになった。「鋏状価格差」への対応は、工業内部におけるコスト削減のための「節約」政策(二六年四月党中央委員会総会決定)、ついで「合理化」政策(二七年三月党中央委員会総会決定)であった。

「節約」は、管理・事務経費の節減、原燃料の節約、余剰人員の活用などといったもので、そのキャンペーンが賃金削減や労働強化等、労働者に不利な措置を伴うことも少なくなかった。そのため労働紛争も増え、労働組合の役割も増した。一九二五年に見られた労働生産性の低下に対して、抜本的な対策はとられなかった。外国企業との利権契約は鉱物資源(金、マンガン等)開発を中心に、この年ピークに達したが、その鉱工業生産に占める割合は一％にも達せず、導入された技術の波及効果も小さかった。

「合理化」も技術革新を伴わない限り、労働組織の見直し(三交替制の導入など)程度に留まり、人員削減が実施される場合も少なくなかった。総じて労働者は合理化に消極的で、それを行おうとする経営側や専門家に対して不信や不満を抱いたという。一九二七年一〇月の党中央委員会・中央統制委員会合同総会は、革命一〇周年を記念して近く七時間労働日を導入すると決定したが、労働者はこれが出来高払い制の下では実質賃金の低下を招くことを知っていた。

一九二七年一二月の第一五回党大会は「国民経済五カ年計画に関する指令」を採択したが、それは、N・コンドラーチェフらエスエル・メンシェヴィキ系の経済専門家が優勢だった国家計画委員会の穏健な計画案を批判するものだった。党指導部は、一四回党大会よりも工業化へのアクセルを踏んだことになる。他方、農業集団化については慎重だった。この大会でスターリンは、分散した小農経営を大規模なコルホーズに置き換えることが主要任務だと説明したが、どのようにしてかは語らなかった。

農民に対する譲歩と労農同盟の維持というネップの原則が浸透していて、ブハーリンらの抵抗を打破しなければならなかったからであるが、それだけではない。大多数の農民が狭い土地を少ない役畜や木製の犂《すき》で耕し、自家消費プラス若干の生産で満足し、かつ共同体の規制と伝統的な生活様式を墨守する現状を打破しなければならなかったからである。

2　晩年のレーニンとソ連邦結成

(1) 晩年のレーニン

一九二二年五月以来病気がちのレーニンは、経済政策では電化(「共産主義とはソヴィエト権力プラス電化である」）とともに協同組合に期待をかけた。零細な資金を集めた消費及び生産協同組合が国有大工業を下支えし、補完する役割を期待し、農業生産協同組合の将来に社会主義的農業を想定したのである。レーニンはまた、外国企業との利権契約により、資源を提供する代わりに技術と機械を導入する方策を内戦・干渉戦争期から熱心に進めてきた。

レーニンはまた、党書記長スターリンの権力を危惧すると遺言に記した。グルジア共産党は、連邦憲法制定に向けたスターリンの「自治共和国」案に反対し、病床のレーニンも、スターリンの腹心S・オルジョニキッゼ（二人ともグルジア出身）の現地党幹部に対する横暴も含めて激怒し、スターリンは「自治共和国」案を引っ込めるという経緯があった。注意すべきは、スターリン案は、グルジア以外のウクライナ、ベロルシア、アルメニア、アゼルバイジャンも「自治共和国」としてロシア連邦に加盟するものだった点である。スターリンはレーニンに、妻N・クルプスカヤに対する非礼も咎《とが》められた。

しかし、分派禁止（一九二一年第一〇回党大会）などにより、書記長の権力肥大化を許すような条件を作ってきたのは、他ならぬレーニンである。そして死去（一九二四年一月）後の「レーニン記念入党」でいっそう巨大化したロシア共産党の実権は、ますます「同志・人事カード」スターリンに集中することになった。すでに第一二回党大会（一九二三年四月）で、プレオブラジェンスキーは党県委員会書記の約三〇％が中央委員会装置（書記局、登録配員部）の「推薦」で決まったと批判していた。

(2)ソ連邦結成

内戦・干渉戦争は、各地の民族主義政権(グルジアのメンシェヴィキ、アルメニアのダシナキ、アゼルバイジャンのムサヴァト等)を打倒して共産党一党支配を実現する過程でもあった。戦争終結後も中央アジアではバスマチの反乱などが続き、民族問題は解決されないままだったが、共産党は連邦結成へと踏み切った。

一九二二年一二月ロシア共和国、ウクライナ共和国、ベロルシア共和国、ザカフカース連邦共和国(グルジア、アルメニア、アゼルバイジャン三共和国の連邦)からなるソヴィエト社会主義共和国連邦が結成された(建前上は独立国家の条約に基づく同盟)。しかし、諸共和国共産党がロシア共産党の中央集権的な支配に服することには、レーニンも異存がなかったのである(第一四回党大会で全連邦共産党と改称されたが、別個にロシア共産党が作られたわけではない)。

むろん、連邦結成は民族問題の解決を意味しなかった。一九二三年四月の第一二回党大会では、ウクライナの代議員が連邦構成共和国により多くの主権を残すこと、グルジアの代議員がグルジアなど三共和国はそれぞれ直接に(ザカフカース連邦経由ではなく)ソ連邦に加盟することをあらためて主張した。タタールのM・スルタン＝ガリエフは、自治共和国もロシア共和国と並んでソ連邦に加盟すべきだと主張した。

レーニン不在でスターリンが指導したこの大会は、これらの主張を退け、大会後にはかつてムスリム共産主義者の統合とタタール・バシキール共和国を構想したスルタン＝ガリエフが逮捕され、党を除名された。ムスリム共産主義者による広域の地域統合も、外部イスラム世界(ケマル・パシャ

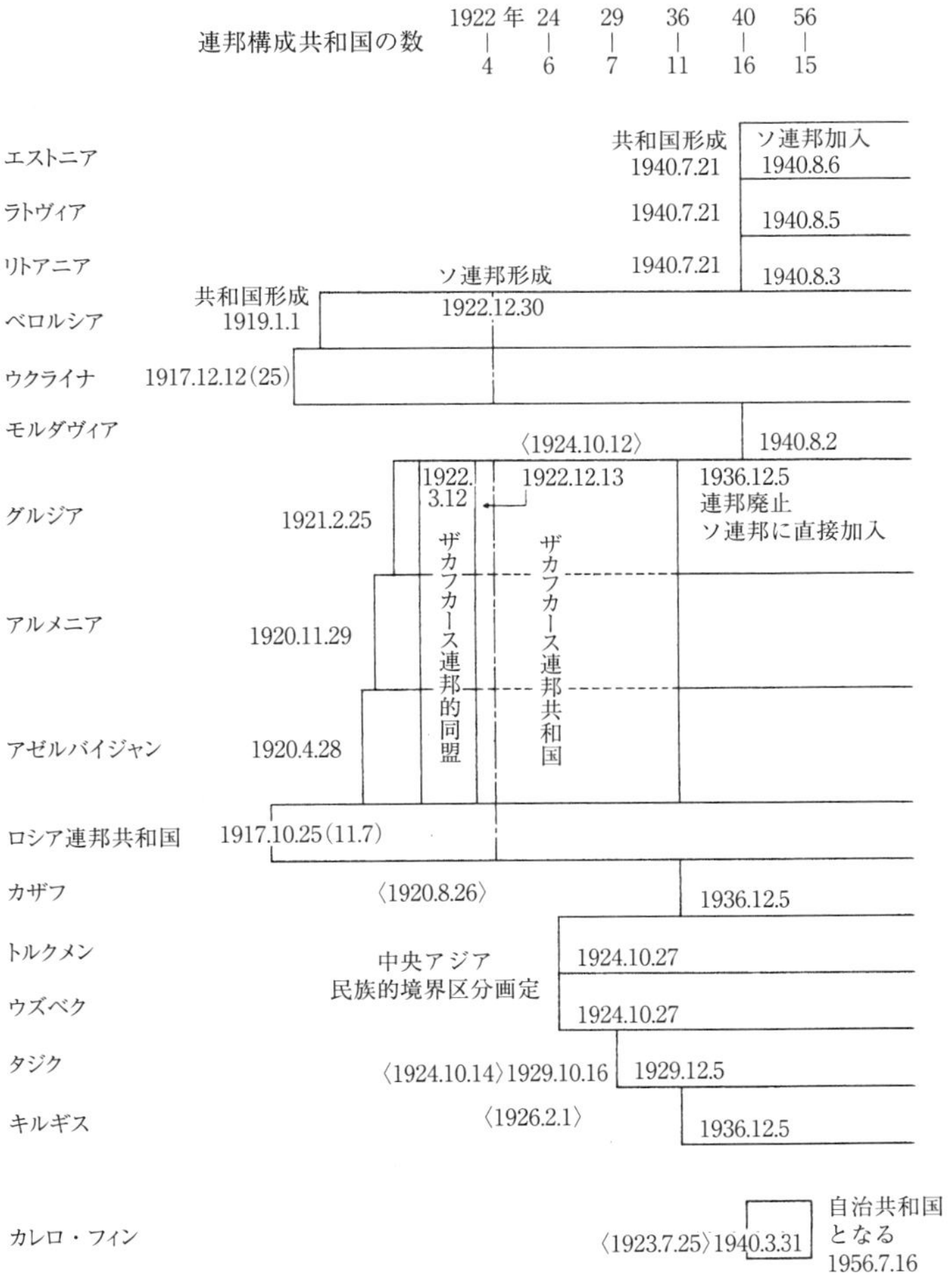

注）〈 〉は前身の自治共和国の形成.（ ）内の日付は新暦.（文献(15)高橋著，216頁，一部改変）

図2 各共和国の形成とソ連邦への加入経過

のトルコ等の汎イスラム運動)との連携も、極度に警戒されたのである。

自治共和国の格上げ、ソ連邦への直接加入の要望は、一九二六年一一月全ロシア及びソ連邦中央執行委員会の諸民族メンバーの会議でも出された。せめて全ロシア中央執行委員会にソ連のそれと同じく民族会議(いわば上院)を設けよという意見もあった。

3 共産党内外の政治闘争

(1)他政党及び正教会の弾圧

ネップ期の複数主義は、経済における計画経済と市場経済、党員幹部とブルジョア専門家、文学におけるプロレタリア作家と同伴者作家の並存といった一定の分野に限られていた。共産党一党支配は内戦・干渉戦争期以来の不動の前提であり、エスエルやメンシェヴィキは非合法化されたままであった。民族主義者は、ウクライナ共産党に合流したボロチヴィストのように党内の一定の傾向としては存在したが、ロシア共産党の分派禁止は他の共産党でも貫徹された。

言論の自由は、一九一八年憲法で反党的・反国家的言論には物質的手段を提供しない条項によって著しく制限された。しかも、一九二二年六月にはグラヴリト(著作・出版物管理総局)という検閲機関が成立した。むろん、一九一七年一一月の出版に関する布告により「反革命的な文献」は禁止され、内戦・干渉戦争期にはチェ・カーが検閲を広範囲に実施したので、二二年六月にグラヴリトに代えられただけとも言える。

信仰の自由に対する反宗教宣伝の自由は、単なる対抗宣伝に留まらなかった。一九二一—二二年に三〇〇万とも言われる人々が死んだ大飢饉の最中、二二年二月の全ロシア中央執行委員会の布告は飢饉救済のために貴金属及び鐘の提供をロシア正教会に求めたが、それは正教会の宗教的儀式を事実上停止する要求に他ならなかった。国家保安機関（チェ・カー、連邦結成後はオ・ゲペウ）を派遣して実施した貴金属回収作戦は各地で抵抗を呼び、イヴァノヴォ州のシュエでは軍隊と群衆の衝突で死傷者を生み出した。二二年中に回収された金は三三プード、銀は二万三九九七プードになり、「骨董品」の価額は約四六五万金ルーブリに及んだという。

ソヴィエト政権は、この教会財産没収に反対する正教会高位聖職者五四人を四―五月に裁判にかけ、一一人の被告に死刑を宣告し、うち五名の死刑を執行した。しかも、この裁判の過程で、V・チホン総主教に反対するグループが「生ける（刷新派）正教会」を結成していたことが明るみになった。政権の狙いは、総主教制の廃止と聖職位階制＝教会組織の破壊にあった。二三年四月のチホン自身の裁判で、彼はソヴィエト政権に対する反対を止め、帰順することを約束した。二五年四月チホンが死去すると無神論者同盟が設立され、反宗教闘争がさらに強化された（一九二九年には「戦闘的無神論者同盟」に改称）。

(2)「一国社会主義論」の登場と勝利

一九二三年末のトロツキー（政治局員、陸海軍人民委員）らによる工業化テンポ引き上げ論、党内民主主義擁護論はスターリンの反撃を受けた（二三年一〇月の「四六人政綱」に対する二四年五月の『レーニン主義の基礎』）。

スターリンは、工業化の源資は外資導入ができない以上、国内に、それも人口の八割を占める農民に求める外はないという議論に、それはネップを導入して再構築した労農同盟《スムィチカ》を破壊するものだと反駁した。トロツキー派が、だからヨーロッパ革命による支援が緊要なのだと強調しても、この年一〇月のルール危機を好機と見たドイツ共産党の蜂起は失敗したので、説得力を持たなかった。しかも、工業製品価格が農産物価格を上回る「鋏状価格差」を前に、農民からの収奪を強めるような政策は採れなかった。

たしかに、トロツキーのヨーロッパ革命によるソヴィエト国家支援という主張の方が純理論的には正しくレーニンにも忠実だったが、情勢が変化していた。当分期待できないヨーロッパ革命を当てにするのか、せっかく再構築したばかりの労農同盟を破壊するのかという論法、「左翼日和見主義」批判が党の活動家層には受け入れられたのである。党内民主主義要求も、スターリンと配下の地方党書記たちによって「分派禁止」違反に仕立て上げられてしまった。

一九二五年四月、二年前はスターリンと三人組《トロイカ》を組んだジノヴィエフ(政治局員、コミンテルン議長、レニングラード党組織ボス)、カーメネフ(同、モスクワ党組織ボス)がトロツキーの側に立ったが、ネップが強化されさえする情勢(ブハーリンの「豊かになれ」)下では敗北する他はなかった。一九二五年は、工業生産が回復し、前年の小規模な飢饉もグルジア等の反乱も収まり、ネップの頂点の年だったのである。皮肉なことに、一九二七年一〇月トロツキー、ジノヴィエフが中央委員を罷免された直後に、農民が穀物の低価格での国家への売り渡しを拒む「穀物調達危機」が発生した。

スターリンは、一転トロツキーの農民からの「汲み移し」論のお株を奪ったばかりか、売り惜しむ農民に「投機」の廉で刑事罰を科する「非常措置」の強硬方針をとった。五月の英ソ断交に端を発する戦争パニックで、工業化促進と穀物備蓄に関心が集中した情勢にも助けられた。しかも、ネップの資本主義との妥協を快く思わず、都市のネップマン（あくどく稼ぐ商人）や農村のクラーク（高利貸しもする富農）に反感を抱いていた青年層は、工業化を含む「社会主義的攻勢」を歓迎した。「一国社会主義」論は、今度はこうしたコムソモール員を始めとする青年層の自力で社会主義を建設しようとする熱情にマッチしたのである。

ブハーリン（政治局員、コミンテルン議長、『プラウダ』編集長）、A・ルイコフ（同、人民委員会議議長）、M・トムスキー（同、全ソ労働組合中央評議会議長）は、ネップに固執する「右翼日和見主義」として批判され、その間にも五カ年計画の目標値は根拠なく引き上げられ、「非常措置」は常態化した。こうして、穀物を赤軍と都市に確保するための根本的打開策は、やはり農業集団化しかないという認識が党指導部に共有されるようになった。

一九二九年末スターリン五〇歳誕生日の頃、三人は主流派に降伏し、スターリンは全面的な農業集団化の開始を告げる「偉大な転換」を宣言したのである。この転換は中農がコルホーズに加入したという意味だったが、それ以上の変革を含意していた。エスエル系の農業経済学者A・チャヤーノフが一九二〇年に著した『農民ユートピア国旅行記』の世界とは正反対の「工業・都市独裁社会」への転換に他ならない。

4　ソ連外交とコミンテルン

(1)ソ連の「生き残り」外交

一九二二年四月ソヴィエト・ロシアは初めて国際会議に参加した。このジェノヴァ会議で得るものはなかったが、この機会を利用してドイツとラパッロ条約を結んだ。ヴェルサイユ体制から外された二国が、経済協力に踏み切ったことは列強を驚かせた（軍事協力は秘密）。もはやドイツを始めヨーロッパ革命の見通しは遠のいた以上、ソヴィエト・ロシアとしては当然の選択だった。

ソヴィエト・ロシアは一九二一―二二年の大飢饉に際しては、国際赤十字やナンセンによる救援を受け入れた。レーニンは干渉戦争中から欧米企業との利権事業による技術導入に着手していたが、やがて国交回復に動くのは自然だった。レーニン死後になるが、労働党政権のイギリス、急進党政権のフランス、そして一九二五年には護憲三派内閣の日本とも国交を樹立した。

西欧諸国、日本との国交樹立に伴い、対外政策の一環としての文化交流も開始された。全連邦対外文化連絡協会（ＶＯＫＳ）の各国支部が相手国の文化団体と交流し、各種事業を通じてソ連に対する理解と友好を深めてもらう狙いである。コミンテルンを通じた働きかけは内政干渉的な宣伝と見なされがちだったのに対し、外務人民委員部―ＶＯＫＳルートのソフトな文化交流の方がソ連同情者を得やすいと考えられたのである。日本側では、日露芸術家協会がカウンター・パートだった（日露協会は経済も扱うので、非対称な関係）。歌舞伎の海外初公演先はモスクワ、レニングラードであり、文学者、音楽家などの相互訪問も少なくなかった。

コミンテルンも、ソ連の国交拡大に応ずるように方針を変更した。各国共産党へのロシア革命モデルの押しつけを改め、社会民主主義政党とも協力する統一戦線戦術を採用した(一九二二年一一―一二月の第四回大会)。従属国の中国では孫文の国民革命を支援するため、国民党と共産党の合作を指示した(二三年一月)。

(2) 戦争パニックとコミンテルン左傾化

コミンテルンは統一戦線戦術を採用しながらも、レーニン死後ロシア共産党の党内闘争を反映して各国支部の「ボリシェヴィキ化」(中央集権的な統制と反対派排除)を進めた。一九二二年七月に結成されたとされる日本共産党は、天皇制下で、とくに治安維持法(一九二五年四月公布)による弾圧を受けて、少数で分裂した非合法活動を余儀なくされていた。ようやく二七年八月に再建がなされたとき、会議はモスクワで行われ、コミンテルン議長ブハーリンの直接的な指導により、過去のセクト主義(福本和夫)と解党主義(山川均)を無理矢理自己批判させられて「ボリシェヴィキ化」したのだった。そして、一九二八年三月一五日、二九年四月一六日の大量逮捕で、ほとんど活動不能に陥ったのである。

中国では、孫文死去(一九二五年三月)後に進められた北伐(中国北部の北京等を支配する軍閥＝封建勢力の打倒)を、ソ連政府の軍事援助も含めて支援した。しかし、国民革命軍総司令の蔣介石は、北伐に伴う土地革命を恐れる地主と揚子江下流域に租界をもつ英米などの意向を汲んで、一九二七年四月上海に入城すると共産党員の一斉弾圧に乗り出した。まもなく国共合作は破綻し、コミンテルンでは中国革命の失敗をめぐってスターリン派とトロツキー支持者との激しい論争が行われた。

論争は、ロシア共産党における両者の力関係を反映してスターリン派の勝利に終わったが、当時英ソ関係が悪化して戦争パニックさえ起こっていた情勢下では、コミンテルンの左傾化は避けられなかった。そこには中国国民革命の失敗を糊塗するためにも、左傾化する動機が働いたと言えるかも知れない。

コミンテルン第六回大会は一九二八年七—八月、スターリンよりは穏健なブハーリン議長の下で開かれた。資本主義は革命期、相対的安定期から「第三期」に入ったという認識のもと「攻勢」を呼びかけたが、ロシア革命をモデルとした暴力革命が前提だった。当面「下からの統一戦線」で共産党の勢力を拡大せよというわけだが、それは社会民主主義の敵視＝「社会ファシズム」論（社民はファシズムの左手で、第一の打倒対象）を導くものに他ならなかった。

2 布施の政治・経済観察

1 『東京日日新聞』記事から

(1)ネップのモスクワと中央アジア

一九二五年一月の日ソ国交により新聞記者も取材が許され、布施はさっそく四月半ばにモスクワ入りした。ちょうどパスハ（イースター）前夜だったので、教会の鐘が鳴り響き、聖堂はどこも礼拝の信徒で満員だったという。むろん、ソ連では信教の自由とともに反宗教宣伝の自由も認めており、コムソモール員が組合や教会やクラブで宗教の無意味さを説いていて、あたかも二種のイースターがあるかのようだと指摘している。むろん、布施は正教会が受けていた迫害のことは知らない。

街中で目立ったのは、赤ネクタイをつけたピオネールというコムソモールの弟ないし妹分の組織で、団員一〇〇万を数える。一四歳になればコムソモールに入れ、その団員数は五〇万、二一歳になると共産党員になれ、党員数は七三万という。この共産党を率いるのがジノヴィエフ、カーメネフ、スターリンらの巨頭である。トロツキーの左翼反対派を打破した直後だが、スターリンが第三位でしかない、当時の世評を反映した順位に注意すべきである。

布施は、商業所得中個人の占める割合が農村で八割、都市で四割五分であり、私的商業が経済の活性化に大きく貢献している点を指摘しつつ、国有企業や貿易の国家独占といった「管制高地」を政府が掌握している「国家資本主義」であることを強調する。人民委員会議議長ルイコフの言も引いて、経済状態の急速な改善を指摘している(『東京日日』一九二五年四月二三日)。

布施は、ソ連邦結成後の中央アジア諸共和国にも関心を払っている。彼がモスクワに来る前、一九二四年一〇月にトルクメン、ウズベクの二共和国がソ連邦に加盟した(合計六共和国)。

そのウズベク共和国の全権代表に布施はインタヴューしている。全権代表イスマイロフは、帝政期には工場や劇場もなく、児童が中学にも入れなかったが、今では学校もでき、タシケントでは大学もできて大学生八〇〇名、児童三〇〇名をモスクワに送るようになったと誇らしげに語った。綿糸の生産はモスクワ政府に与えられた機械で戦前の八五%にまで上がり、一、二年のうちには全連邦の需要を満たすことができると豪語している。

このほか布施は、全ソ中央執行委員会がグルジアのチフリスで開催されたこと、ザカフカース連邦共和国人民委員代理ナリマーノフの葬儀が「赤の広場」レーニン廟近くで行われたこと等の事実を挙げ、「露国政府が東方諸共和国に対して如何に深い注意を払っているか」を示すものと好意的に評価している(『東京日日』一九二五年四月二九日)。

(2)ソ連経済の現状と南部訪問

布施は、四月末から五月初めにかけて開かれたロシア共産党第一四回協議会と第三回ソ連邦ソヴィエト大会についても取材、報告している(共産党協議会を大会と混同、大会は一二月)。記事はまず、昨年通貨改革においても、工業生産においても大きな成果を挙げたことを述べる。後者は最高国民経済会議議長ジェルジンスキーの報告からの紹介で、織物業は前年比五五%増、金属工業は同じく八二%増であった。労働者の賃金も戦前の七八%まで回復したという。

カーメネフは、通貨改革により農民は安定した通貨で穀物を売ることができ、工業製品の価格も下落して経済状態が改善されたと指摘した。今後の重要な方策としてコーペラチヴ(協同組合)を発展させるべく一億ルーブリを融資すること、家内工業保護の法律も発布したことなどを明らかにした。ルイコフは、無産階級の独裁、国有化された諸産業、鉄道、銀行等の力が強いから「農村に発生しているネップマンを恐るるに足らぬ」と言った。

カーメネフはまた、今年度のような急速な発達を続けられれば「まもなく戦前の生産額を超過するのみか、新たなる工場を増設することさえできる」と語った。その根拠は、①天然資源が無尽蔵であること、②経済当局者が自己の失敗から多くの教訓を得ていて「武断的共産主義から新経済政策に転換」してきたこと、③すべての経済的事情を厳格な規則の下に置いていること、である（『東京日日』一九二五年五月一五日）。

布施は、五月にロシア南部、カフカース、それにペルシアまで旅行した。ウクライナの黒土地帯、ドネツク炭鉱、バクー油田を回ってソ連の無尽蔵の資源に羨望の念さえ覚えたという。バクー油田では採油施設を見学し、技師や労働者の話を聞いた。労働者のサボタージュもなくなり、作物の収穫の見通しもよいようである。生活状態はよくなり、「最近の困窮時代を思わせる形跡は殆ど見出せなくなっている」。カフカースの保養地やクリミヤのリヴァディア宮殿（後にヤルタ会談の舞台となる）も訪問している。

ところが、布施はモスクワに帰ると上海の大事件に驚かされた（外国資本の企業で起こった労働者のストライキ、五月三〇日のイギリス租界警察によるデモ隊に対する発砲・射殺事件）。数十万のモスクワの労働者が職場で「帝国主義反対」の決議を挙げ、街頭に出て「支那から手を引け」と書かれた小旗を持ってデモ行進をした。「共産党員の国際団体」（コミンテルンのこと）が連帯のアピールを発し、「国際革命家救済協会」（モップル＝国際革命戦士救援会のこと）が義援金と弔慰金を送ったことも記している。コミンテルン議長ジノヴィエフの声明や中国人留学生、労働者のデモ行進も伝えている（『東京日日』一九二五年六月一九日）。

布施はＬ・クラーシン（駐英大使、対外経済関係専門家）、スターリンとインタヴューしてから帰国の途についた（『東京日日』一九二五年七月七、九日。前者は割愛、後者は補）。滞ソ期間全体を通じて久しぶりの訪ソで張り切っている様子が窺え、ヴェテラン記者らしい観察とインタヴューを行っている。

2 著作『レーニンのロシアと孫文の支那』から

布施は一九二七年にも訪ソしたようだが、『東京日日』には署名記事がない。そこで、以下に著作から三つの論文を紹介したい（このほか年代的には最も新しい論文「トロツキーの失脚とソウェート政府の真情」が『中央公論』にあるが、右第三論文と重複するので、割愛する）。

(1)「赤露白化説」（一九二五年）

「赤露白化説」とは、ネップのロシアを指して戦時共産主義から国家資本主義への後退だとする考えである。帰国後にまとめて本社に提出した「五年振りの新ロシア」と題する一篇から引用したものが本書に収録されたが、この一篇の内容は新聞記事と必ずしも同じではない。「赤露白化」の最大の根拠とされる現象は私的資本の復活、繁栄である。モスクワの全商店一万七六六〇軒のうち官営店四四一七軒、消費組合一五九二軒、残る一万一六五一軒、すなわち三分の二が個人経営だという。

その商店のうちには贅沢品を売る店もあるが、誰が買うかと言えば、旧ブルジョアの外にソフ・ブル（ソヴィエト・ブルジョア）である。ネップに乗じ、「ぬれ手で粟をつかんだ連中」を指している。しかし、クラーシンに言わせると「白化」を喜ぶ者にとってのネップと、レーニンが提唱した、共産主義を実現するための戦略的後退としてのネップとは異なる。レーニンはかつて「プロレタリア独裁国における国家資本主義は、社会主義の四分の三である」と語った。

最近のジノヴィエフの演説によれば、労働階級が政権を握り、大工業の生産力を回復し、ルーブリ相場を安定させたことが「四分の三」の意味である。われわれはまだ貨幣を廃止するには至っておらず、個人資本が依然として跋扈《ばっこ》しており、資産階級の片割れが至る所に存在し続けている。農村を工業化し、文盲を退治し、労農文化を向上させ、国民をみな消費組合員にしなくてはならない、そうして初めて社会主義に入れるというのである。

ソヴィエト政府は、資本主義列強が戦時非常の場合に行う「産業の動員」を平時に行い、個人の利益を極度に抑えて、国家全体の利益を最大限に増進する。しかも、政治面は共産党一党制であり、言論機関も握って反対分子に不平を言わさない。「労農警察」(国家保安機関)はルビャンカにあって、モスクワでは恐ろしいものの代名詞になっている。共産党員は国家のために熱心に働き、これにコムソモールの青年男女、ピオネールの少年少女が続く。

(2)「新経済政策の成績」(一九二七年)

ロシア革命当時、世界各国の政治家は、ボリシェヴィキは破壊しかできず、いずれ自滅すると思っていた。その自壊を促進するために、列強は干渉戦争を行った。しかし、干渉戦争は失敗し、戦時共産主義も失敗したが、革命ロシアは何とか生き残った。そして一〇年、ボリシェヴィキは国家資本主義を基礎とするネップによって存在し続けている。レーニンは、共産主義は発達した資本主義を土台にしてしかできないと考え、農業国ロシアを、国家資本主義を基礎とするネップによって発達した工業国に変える迂回作戦をとったのである。

自分がロシアを訪問し、レーニンと会った一九二〇年頃、農業生産高は戦前の三分の二、工業生産高は三分の一であった。然るに、工業総生産高は一九二四／二五年度が五〇億ルーブリで、一九一三年度七〇億ルーブリの七一％、一九二五／二六年度が六九億五〇〇〇万ルーブリで、ほとんど戦前水準に復帰した。農業総生産高は一九一三年一一〇億ルーブリが、一九二四／二五年度が九二億五〇〇〇万ルーブリで、一九二五／二六年度に一一〇億ルーブリと、戦前の水準に達した。

自分がレーニンと会見し、共産主義達成にどれくらいかかるかと質問したとき、高度に発達した工業国に変えるのに不可欠な電化事業が最短で一〇年はかかるとの回答を得た。その電化計画は一九二〇年の第八回ソヴィエト大会に提案され、翌年の第九回大会で補正されたが、新設発電所数三一、総出力一五〇万キロワットであった。その会見後にもポーランドとの戦争があり、未曽有の大飢饉があったから、さらに長期間を要するであろう。

自分は一九二〇年にモスクワ郊外に建設中のシャツール発電所を訪問したが、同発電所は一九二六年に完成した。やや遅れてレニングラード郊外にウォルホフ発電所が起工され、最近完成した（出力六万キロワット）。一九二五／二六年度末で四五万キロワット分の発電所が完成された。最初の五カ年間で計画の三分の一が達成されたことになる。さらに一九二六／二七年度から五カ年でドニエプル水力発電所が建設され、その出力は一四万キロワットと見込まれている。

最近ロシアを訪問して帰った人々は、ほとんど異口同音に産業の発展に関する悲観論を伝えている。しかし、自分は一九二〇年のロシアと最近のロシアとを比較して、その発展振りと発展可能性を指摘しているのである。

(3)「レーニニズムとトロツキズム」(一九二七年)

ネップ期の党内闘争、正確には党機関紙や著作を通じて広く知られた社会主義建設をめぐる指導者間の論争は、立場に応じて整理や命名の仕方が異なる。布施のこのタイトルは、正しくはスターリンの言う「レーニニズム」、トロツキー批判の著作『レーニン主義の基礎』(一九二四年)や『レーニン主義の諸問題』(二六年)のレーニニズムとすべきで、さもなければソ連公認の「正統と異端」の論法を擁護することになってしまう。

布施は、レーニン死後にトロツキーが「これぞボリシェヴィズム」として唱えた考え、トロツキズムの特徴をスターリンに従って以下のように整理する。第一に「永久不断の革命」で、「革命力としての農民を計算に入れざる」失敗を免れない革命である。第二に「ボリシェヴィキの結党心と、その一本調子にしてあらゆる機会主義的傾向を排斥する態度に信服しない」。第三に「ボリシェヴィキのリーダーに対して不信任を表している」。

第一の「永続革命」批判は、スターリン得意の意図的な歪曲である。すでに猪木正道や渓内謙《ゆずる》が論じたように(両者の政治的立場が異なるにもかかわらず)、一九〇五年の革命の際にレーニンが唱えた「労農民主独裁論」とトロツキー(当時メンシェヴィキ)が唱えた「永続革命論」は、たしかに異なっていたが、二つは一九一七年四月に合流したのである。

前者は、資本主義の発達が遅れ、ブルジョアジーも幼弱なロシアでは、当面するブルジョア革命も少数のプロレタリアートが大多数の農民を同盟軍にして闘いとるべきで、メンシェヴィキが主張するように、ブルジョアジーに権力をとらせ、資本主義を発達せしめ、社会主義革命の条件が成熟するまでプロレタリアートは脇役に甘んずるべきではないとする。後者は、ロシアのプロレタリアートはブルジョア革命を達成したら、それ自体は弱体なので、これに続くであろうヨーロッパ先進国のプロレタリアートによる社会主義革命の支援を受けて、ブルジョア革命を社会主義革命に連続的に転化するという主張である。

一九一七年三月革命が起こったのち、スターリン、カーメネフらボリシェヴィキ国内指導部はメンシェヴィキ的な「二段階革命論」に基づいて臨時政府支持の立場をとったが、スイスから帰国したレーニンは「四月テーゼ」、すなわち、臨時政府打倒、「全ての権力をソヴィエトへ」を打ち出した。レーニンは『帝国主義論』で獲得した帝国主義間矛盾の認識を踏まえ、「帝国主義の最も弱い環」ロシアでまずブルジョア革命を実現し、ヨーロッパ革命の支援により社会主義革命に連続的に転化する理論を立てたのだが、それはトロツキーの「永続革命論」を取り入れたことを意味する。実際トロツキーはメンシェヴィキ国際派からボリシェヴィキに合流し、一一月革命においてレーニンのナンバー2としての地位と威信を獲得した。

スターリンは自分の「四月テーゼ」反対の過去を消したいために、そしてトロツキーに対してスターリンとトロイカを組んだジノヴィエフ、カーメネフは一一月蜂起に反対した過去を消したいために、トロツキーのメンシェヴィキの過去をことさら強調し、右の「労農民主独裁論」と「永続革命論」の合流を決して認めたくなかったのである。

「永続革命論」＝農民軽視というのも、革命戦略論の一部に含まれていた傾向を政治的に強調したものに過ぎず、トロツキーが「新経済政策に反対した」というのも、彼が戦時共産主義期に現物税の考えを持っていたことを意図的に無視している(当時は知られていなかった)。また、第二の一枚岩的な党観、同志に対する非妥協的な態度はボリシェヴィキ合流以降のトロツキーも共有している。

また、布施が強調するトロツキーの「強襲作戦」に対するレーニンの「迂回作戦」という議論も必ずしも説得的ではない。内戦・干渉戦争期に両者の違いはないと言っていいし、レーニン在世中のネップ期にドイツ革命、一九二三年蜂起を強引にやらせたのはジノヴィエフであって、トロツキーではない。また、一九二一年の大飢饉を契機とするロシア正教会弾圧では、レーニン、トロツキーは完全に足並みを揃えていた(レーニンが病気がちで目立たなくなったことはあるが)。

新聞特派員に見られる傾向として、ニュース・ソースの関係から時の政権寄りになりがちになることがあり、この党内闘争も「幹部派」と「反幹部派」の抗争として描くのは布施に限られたことではない。ちなみに、一九二七年一一月一七日の『東京日日』社説「モスクワの清党劇」も同じ枠組みの見方だが、スターリンがトロツキーらの革命記念日デモをゲ・ペ・ウ(保安警察)を用いて弾圧したこと、トロツキー派がスターリンの政策の反動化(この場合はネップ擁護)を指してフランス革命に倣って「テルミドール」と呼んだことを指摘した点には注目してよい。

3 黒田の社会・文化観察

1 黒田の経歴とロシア体験

黒田乙吉は熊本師範学校出身、トルストイに傾倒、ロシア語を正教会の高橋長七郎神父に学び（播磨楢吉も同じ）、一九一〇年ハルビンに渡った。熊本を発った直後にトルストイ死去を知って深く失望したが、ハルビンで生活した。このとき布施勝治が社主の新聞社「北満洲社」の世話になり、総領事館にも勤めた。第一次大戦が始まると、一九一六年六月ハルビンから『大阪毎日』に派遣されてモスクワに向かった。八月にはヤースナヤ・ポリャーナのトルストイの墓に詣でている。しばらく先輩記者、布施が駐在するペトログラードにいたが、翌年一月黒田はモスクワに移った。両都に一人ずつ特派員をおいてロシア革命を報道したのは『大阪毎日』（『東京日日』）だけである。

黒田は一九一八年三月のブレスト講和でモスクワを去ってイルクーツク経由で帰国したが、シベリア出兵の情勢下でイルクーツク、チタ方面に出かけた。二〇年二月には『悩める露西亜』を刊行している。うち一九一七年一一月のモスクワ市街戦の思い出は第1章補2で紹介した。一九年六月のセミョーノフ軍の従軍記も含まれている。二一年にはサハリン、カムチャツカを視察した。二度目のモスクワ滞在は一九二五年七月—二七年一一月である。このとき彼は、新聞記事はわずかしか書かず（政治経済のことはいっさい書かず）、文化方面の調査及び取材に当っている。著作『ソヴェト塑像』は一九四八年刊行だが、このモスクワ滞在期のエッセイを含んでいる。

2 『ソヴェト塑像』から

(1)モスクワの家政婦と商店

黒田が家族(病気がちの妻と二歳の長女)同伴でモスクワに着いたのは、一九二五年七月のことだった。当時のモスクワ市は住宅難で、仕事柄、市の中央部に住居を借りるには家賃が大変高かった。とりあえず「クニャージ・ドヴォール」というホテルに住むことにした。救世主ハリストス大聖堂の近くである。

次に家政婦(文中では女中)探しだが、ホテルのボーイに頼んで面接に来てもらった最初の女性は、権利意識の強い女性だった。八時間労働、週一度の休日、月給は二五ルーブリ+時間外割増し賃金などを要求してきた。革命前の事情を知っている黒田は、これでは妻とやっていけないと判断した(月給の相場は一〇—一五ルーブリだった)。

二人目は「いかにも温和な農婦らしい」女で、いま女中をしている家は一五ルーブリだが、ここでは二〇ルーブリをいただけると聞いてやってきたという。八時間労働とか週一度の休日といった「贅沢な真似はできません」と言うので彼女に決めたが、三日ばかりしてやって来たのは他の女だった。友達がこの家に雇われそうだと聞いて主人がどうしても離してくれないので、自分が代わりに来たと言う。いかにも純朴な、この女に決めた。

当時ソ連では女中は家事労働者(domashnaia rabotnitsa)といい、雇用契約を結ぶことになっており、呼び捨ても禁じられていた。しかし、エレーナは契約書はどうでもいいし、愛称レーナで結構という女性だった。レーナは八月末から働き始め、長女は並木公園《ブリワール》や寺院広場で遊んでもらって元気になった。

秋になって、日本に帰国するＯ君（大竹博吉だろう）の家に引っ越した。アルバート街にある旧プルジェワルスキイ邸を一二軒に分割した共同長屋の一一号室である。家はいろいろ住みにくかったが、風呂がないので町の風呂屋《バーニャ》に行かねばならず、待たされるのが辛かった。当時のモスクワの様子を伝える一文を紹介しよう。

「新経済政策《ネップ》も一九二五年の秋になると大分余裕が出来、国民経済力も殆んど欧洲大戦前の水準まで復興して来た。大きな店、殊に卸売の店は国営または協同組合の経営だったが、モスクワに於ける商店の四割は当時個人の店だったので、少し値の高いのを忍べば、国営の店の前で長い列《オーチェレジ》に立たなくとも、個人の店で大抵のものは自由に買えた。当時、食料品も豊富で、大きな食料店に行けば、各種の酒は勿論、キャビヤやイクラも、鮭肉《ロソシーナ》も鯡《セリョトカ》も自由に買えた。上等の梨子や葡萄や西瓜もふんだんにあった。私たちの家から三、四丁のところにあったアルバートの市場《ルイノク》には、食料品や雑貨が一ぱい並んでいたし、辻々のキオスク（街頭に小屋掛した露店）には、新聞や薄っぺらな雑誌の外、煙草やチョコレートや向日葵《ひまわり》の種子などを売っていた。街上に、林檎や甜瓜《ドゥイニャ》を盛った籠を並べているものもあった」（一五六頁）。

レーナはよく働き、よくしゃべり、子供も可愛がってくれたが、ある時買物の釣り銭をごまかしていることが分かり、男も出入りしたので辞めてもらった。

(2)プロレタリア作家と同伴者作家

黒田がモスクワに到着した一九二五年七月に、共産党中央委員会総会は「芸術・文学の領域における党の政策について」を採択した。従来、政治性を強調するプロレタリア作家と、芸術性を強調する同伴者《ポプーチキ》作家が文学界を二分して対立してきたが、決議はプロレタリア作家に「極度の政治性」を改め、同伴者作家にはブルジョア文学の影響を断って社会主義建設に協力するよう求めたのである。

黒田によれば、自分がモスクワに滞在した一九二五―二七年は、プロレタリア派が作家として成長し、同伴者も脱皮を準備した時期であった。前者にはキルション、ファヂェーエフ、パンフョーロフ、リベヂンスキイ、ショーロホフ（『静かなドン』）等がおり、後者にはマヤコフスキイ、ピリニャーク、フセヴォロド＝イワーノフ、リーヂン、レオーノフ（『穴熊』）等が属している。

黒田は、ロシア人が「客に対する歓待《ゴスチプリヨムストヴォ》」を好む国民性に反して、革命後に外国人との接触を警戒するようになったにもかかわらず、文学・芸術界の知識人だけはゲ・ペ・ウ（国家保安部）を恐れず、家庭を開放して私たちを歓迎してくれ、生来の客好きを思う存分発揮してくれる点を、好感を持って指摘している。

このことは、友人の片上伸（元早稲田大学教授）とともに初めて訪ねたフセヴォロド＝イワーノフの家でも、ついで招かれたピリニャークの家でも実感した。黒田はゴーリキイ門下の逸材イワーノフを高く評価しているが、その晩なんとラデック（文学に一家言ある）まで来ていたという。当時「文学だけで飯を食えた」のは二、三人だったそうで、マヤコフスキイやピリニャークは含まれたが、レオーノフはこの年『穴熊』で一流作家の地位を築いて仲間入りした。そのレオーノフは、この年末エセーニンが自殺して遺体がレニングラードからモスクワ「十月停車場」についたときイワーノフに紹介してもらった。「十月停車場」にはモスクワの文学関係者が「一人残らず」駆けつけた。

こうした文学者の集まる場所としては、ゴーリキイ街と並木公園とが交差する広場近くの「ゲルツェンの家」と、そこから四、五丁先の並木公園の「印刷の家（会館）」がある。郊外では、南のウースコエ村のサナトリウム（旧トルベッコイ公爵邸）も文士の集まる場所だったという。いつからかは筆者は知らないが、後に科学アカデミーの保養所になっている。

(3)日本文学の夕べ

一九二六年四月五日夜、モスクワ芸術学士院の広間で、第一回「日本文学の夕べ」が全連邦対外文化連絡協会（VOKS）主催で開かれた。三五〇人は参加していたという。会長O・カーメネワ（カーメネフ前政治局員の夫人、トロッキーの妹）やヨッフェほか来賓の挨拶は割愛、本プログラムに入る。

第一部

ロシア文学の日本文学に与えた影響——黒田乙吉

日本現代文学の解説——モスクワ東洋大学ロマン・キム教授

芥川龍之介「おしの」朗読——キム教授

芥川「藪の中」朗読——メイエリホルド座俳優連

第二部

日本古典文学の解説——レニングラード東洋大学コンラード教授

古今集短歌十首――ルビンチック女史
『源氏物語』「空蟬《うつせみ》」朗読――モスクワ第一芸術座俳優コンゲ女史
能『景清』朗読――メイエリホルド座俳優連

黒田自身のメモによれば、自分が下手なロシア語で講演しているとき、ヨッフェが聴衆の中に片山潜を見つけて演壇に引き上げた。私の講演のあと片山は英語で祝辞を述べ、外務人民委員部極東部長のヴォズネセンスキイが露訳した。キムは日本現代文学といっても芥川を中心に講演し、朗読したが、ロシア語も日本語もネイティヴのように話せる彼ならでは、であった。中休みに来会者の意見をきいてみたが、「芥川ものの評判は非常によかった」。

古典文学の第二部では、コンラード教授が日本古典文学を解説し、とくに「もののあはれ」を説明した。碩学コンラード教授は、秋に日本文学史の大著を上梓するとのことである。ルビンチック女史はコンラード教授の高弟の一人、才媛である。そのあとコンラード教授が『源氏物語』と紫式部について解説し、同教授訳の「空蟬」をコンゲ女史が朗読した。『景清』朗読は時間切れで、取りやめになった。

この夕べについては、この記事ほど簡潔ながら雰囲気をよく伝えているものは他にない。

(4)病床のヨッフェ見舞

黒田は、一九二七年一一月モスクワを去る前にヨッフェを病床に見舞った。別れを電話で済ませるつもりだったが、電話に出た女性(夫人か看護婦かは不明)が後藤伯へのお願いがあるというので、出かけたのである。ヨッフェとは長春会議以来の知己であり、モスクワでは中央利権委員長のヨッフェに取材したこともある。

病床のヨッフェはだいぶ弱っている様子だった。黒田に後藤伯に心からの挨拶をと言ったのち、『現代の日本』という自分が書いた小冊子が書棚にないかと尋ね、ないと答えると、『現代の英国』も自著なので差し上げてほしいと依頼された。黒田は伝言を伝えることを約束し、一日でも早く回復され、後藤伯と再会できるよう祈っている、と述べて暇乞いをした。

黒田は翌日モスクワを発ったが、オムスクかノヴォシビルスクか判然としないが、大きな駅で買い込んだ新聞の一面に「ヨッフェ自殺す」という記事に、われと我が目を疑った。しかし、別れ際に、伯と再会云々に対して「ありがとう。しかし私の健康はそんなものではありません」と言ったことを思い出し、自殺を覚悟していたのだと確信した。

帰国後、大連経由シベリア鉄道でソ連に向かう後藤新平を京都のホテルに訪ねて顛末を話すと、後藤は「ああ、そうであったか……」と眼を落として、しばらく動かなかった。

(5)「ロシアのベスプリゾールヌイ」

最後に、『ソヴェト塑像』には収録されなかった『中央公論』一九二八年四月のエッセイを紹介する。「ベスプリゾールヌイ」とは浮浪児の意である。元来は「世話をする人のない子供」の意味で、いろいろ訳せるので原語の日本語読みにしたという。黒田は、一九二七年夏に北海から黒海へとヨーロッパ・ロシアを縦断旅行したとき、南ロシアのある駅で一五、六歳の少年三人が汚れた姿で物乞いをしてきた経験がある。

今度は、同年一一月にシベリア鉄道で帰国する途中ウラル山脈にさしかかったある晩、食堂車と寝台車の間で三人のベスプリゾールヌイが寒さに震えながら物乞いをしてきた。ビスケットを渡して話を聞いたが、年齢は一六、一五、一三だという。行き先を尋ねるとスヴェルドロフスクだと答えるので、身寄りや仕事はあるのかと尋ねると「ない」と言う。車輛のスチームを焚きにきた列車ボーイが石炭入れ場にさらに四人を見つけたが、うち一人は女子だった。

ここで黒田は一九二五年七月一四日モスクワ赴任の頃に立ち帰る。翌日に田中都吉《ときち》大使の信任状奉呈式を控え、市内を散歩したが、「赤の広場」の人ごみの中で上等の万年筆（銀座の伊東屋で購入）を掏《す》られた。商売道具なので、モスクワ中を探して万年筆を購入したが、数日後にデパートの「モストルグ」でまたも掏られた。今度はクレムリン城壁近くで盗品を売っている少年たちのところに出かけ、ウォーターマンを値切って入手し、掏られないように鎖をつけた。

ベスプリゾールヌイは全連邦に約五〇万いるとされ、うち三〇万が「子供の家」に収容されている。うち続く戦争、革命、内戦、大飢饉の結果である。ロシア共和国では「子供の家」に収容されている者が二〇万以上、町を放浪しているのが一〇万五〇〇〇人いるという。教育人民委員部が中心となり、内務人民委員部、保健人民委員部が協力して「子供の家」から企業、技術学校、農家及び家内工業者、近親者に引き取らせる、空いた分に放浪児を入所させる、「子供の家」では労働の準備教育をするなどの措置がとられているが、大きな問題である。

補1　大竹博吉の『東方通信』

大竹博吉（一八九〇―一九五八年）は、一九一一年『東京日日新聞』に入社、一八年には『読売新聞』に移った。一九年にはウラジオストクの東洋学院を卒業、外務省内部用『東方通信』のモスクワ特派員を一九二三年五月から二五年秋にかけて務めた。折しも日ソ国交交渉の時期であり、ロシア共産党内部ではトロツキー反対派とスターリン主流派との党内闘争が行われていた時期である。大竹は個人的には、行方不明の大庭柯公を探し、また片山潜（コミンテルン執行委員）と親しく付き合った。

この『東方通信』は内部用で一般新聞読者の眼に触れることはなかったが、それでも「モスクワ東方発」という記事もあるので、簡単に述べておく必要があろう。但し、アジア歴史資料センターに『東方通信』のすべてが収録されているとは思えない。そこで、以下は例示となる。

(1)共産党内訌問題

『東方通信』一九二四年一月一七日は、一九日に開かれる第一三回党協議会に注目した。前年一〇月にトロツキーら四六人の有力党員が中央委員会多数派を、党内民主主義の侵犯と新経済政策のネップマンを利する運用の故に批判した問題の決着がつくか否かである。四六人組のリーダーは中央委員のトロツキー、ラデック、ピャタコフであり、有力かつ著名な党員としてはプレオブラジェンスキー、スミルノフ、オシンスキーがいた。中央委員会多数派は、ジノヴィエフ、カーメネフ、スターリンの三人組《トロイカ》、これにジェルジンスキー、ブハーリンを加えた五人組が率いている。

この「四六人政綱」攻撃の先頭に立ったのはジノヴィエフで、『プラウダ』に労働者民主主義に関する長大な論文を発表した。一二月五日の中央委員会総会はジノヴィエフ論文に則った決議を採択したので、多数派が優位に立った。モスクワ市の五区党組織で、反対派が勝利したのは一つのみである。しかもトロツキーが病気がちで、革命記念日の「赤の広場」での演説もカーメネフに譲ったことが反対派の士気を落とした。両派の闘争はレーニニズムとトロツキズムとの闘争であり、党協議会が幹部派の勝利に帰することは明らかだという結論である。

⑵連邦政府人事

二四年二月二日に開かれたソ連邦中央執行委員会で選出された人民委員は、以下の顔ぶれである。人民委員会議議長(レーニン後任)ルイコフ、労働国防会議議長(レーニン後任)カーメネフ、外務人民委員チチェーリン、陸海軍人民委員トロツキー、貿易人民委員クラーシン、財務人民委員ソコリニコフ、労働人民委員シュミット、最高国民経済会議議長ジェルジンスキー等々である。

⑶日本研究委員会

一月一七日の通信によれば、外務人民委員チチェーリンは、カラハンが中国大使になってから同部の日本対策が滞っているとの認識から、国交交渉を促進するために「日本研究委員会」を設置した。メンバーは以下の通りで、知日派を勢揃いさせた観がある。

委員長　ドゥホフスキー（極東部長）
副委員長　プレトネル（モスクワ東洋学院教授）
書記　ロマン・キム（モスクワ東洋学院教授）
委員　M・G・ポポフ（モスクワ東洋学院及び陸軍大学教授）
同　M・M・ポポフ（モスクワ大学院）
同　ボリノフ（モスクワ東洋学院及び陸軍大学教授）
同　ポズネーエフ（陸軍大学教授）
同　コンラード（ペトログラード東洋学院教授）
同　ポレワノフ（タシケント東洋学院教授）
同　レドニコフ（イルクーツク極東学院教授）
同　スパルウィン（ウラジオストク極東大学教授）
同　キューネル（同）
同　ウィレンスキー（『イズヴェスチヤ』副主筆）
同　ホロドフ（貿易人民委員部極東部長）

この委員会のことは、従来まったく知られていなかった。国交回復に向けて、その後は日露友好のためにいかなる役割を果たしたのかは今後の研究課題である（キムやポズネーエフ、コンラード、スパルウィンの諸個人については、ある程度まで研究されてはいる)。

補2 布施のスターリン会見

一九二五年七月九日の『東京日日新聞』は、布施のスターリン共産党書記長との会見を掲載した。布施は、非社会主義的新聞記者でスターリンと会見したのは自分が最初だと書いている。

布施は第一に、この年一月に結ばれた日ソ国交樹立の北京条約の意義を問うと、スターリンはリップサービスもあってか、東洋諸民族解放の決定的手段になろうと答えた。

第二に、日本人の言う「アジア人のアジア」をどう思うかと問うと、帝国主義に対する闘争に共通点があるが、ボリシェヴィキの政策とまったく相容れない要素もある。東洋の帝国主義は西洋のそれより優れ、闘わなくてもよいかのように聞こえる。アジアの労働者に西洋の労働者に対する不審の念を抱かせ、両者を離間するものである。

第三に、東洋の解放革命運動が頻発するのは、列国が己のために東洋で掘った穴に己を埋める時期が近づいた前兆ではないかと問い、その通りとの答えを得たが、訊くまでもないことである。

第四に、日露の経済は両国間だけだと利害が一致するが、支那(中国)では利害の衝突はあり得ると思うが、どうかと尋ねた。スターリンは「絶無とはいえないが、実際に予等はあろうとは思わず、またそれを欲しない」と答えた。一九二五年三月の孫文死去から二六年七月の北伐開始までの時期なので、日ソの中国をめぐる対立は顕在化していない。

第五の質問はソ連国内の東洋民族について、ツアー圧政下で経済も文化も遅れたが、何年で連邦の他の民族と同程度の文化に達し得るか、である。スターリンは、それは内外情勢に左右されるもので、何年などとは言えないが、連邦の東洋諸民族は「最も自由にして進歩せる資本主義的制度の下にあるよりも遥かに多くの機会をもっている」。

最後に布施が露国共産党の民族政策の成果を賞賛すると、それはレーニンの政策を継承したに過ぎないと、謙遜しつつ自信を持って語った。

布施は、グルジアの連邦共和国か自治共和国かをめぐるレーニンとの論争を知らなかったろうし、モスクワで取材する立場では、連邦結成まで民族問題人民委員だったスターリンに敢えて異論を述べることも困難だったに相違ない。

第4章

大竹博吉と丸山政男

30年代ソ連の観察

手製の斧で岩を割る囚人（左）とマグニトゴルスクの溶鉱炉（右）

	ロシア・ソ連	世界と日本
1930. 3	2「成功による幻惑」：集団化一時後退	
6	26-7. 13 第 16 回党大会：計画引上げ	
11	27-12. 7「産業党」裁判	
1931. 6	22-23 工業指導者会議：技術と質の強調	
9		18 日本の満洲事変
1932. 1	31 マグニトゴルスク第 1 号高炉操業	
秋	ウクライナ，北カフカース等で大飢饉始まる	
10	10 ドニエプル水力発電所操業	
1933. 1	7-12 中央委総会：第 2 次五カ年計画	31 ヒトラー政権獲得
11	16 米ソ国交	
1934. 1	26-2. 10 第 17 回党大会：「勝利者の大会」	
9	16 ソ連，国際連盟加入	
12	1 キーロフ暗殺事件	
1935. 1	1 穀物配給制廃止	
2	11-17 コルホーズ突撃作業員大会：模範アルテリ定款を採択	
5	2 仏ソ相互援助条約調印	
7	25-8. 21 コミンテルン第 7 回大会：反ファシズム人民戦線	
8	31 スタハーノフ運動開始	
1936. 3		3 ドイツ軍，ラインラント進駐
6	27「家族強化」諸法成立	4 仏に人民戦線政府
8	19-24 ジノヴィエフら「合同本部」裁判	
11		25 日独防共協定締結
12	5 第 8 回ソ連邦ソヴィエト大会で新憲法採択	
1937. 1	23-30 ピャタコフら「並行本部」裁判	
2	23-3. 5 党中央委総会：党幹部へのテロル	
6	11 トゥハチェフスキー元帥ら 8 将軍銃殺	
7	30 内務人民委員命令：反ソ分子摘発	7 日中戦争開始
1938. 3	2-13 ブハーリン，ルイコフら裁判	
7		29-8. 11 張鼓峰事件

1　上からの革命、国民統合、大テロル

1　急進的工業化

一般にソ連の第一次五カ年計画は一九二八年に開始されたとされる。しかし、最も野心的な計画案(最適案)を採択した二九年四月の共産党第一六回協議会こそが真のスタートであった。当時のスターリン派とブハーリン派との論争の中で、計画はもはや経済合理的な議論に基づくものではなく、低い目標を掲げることが右翼反対派として批判される状況になっていた。「われわれは、先進諸国に五〇年から一〇〇年立ち後れている。この距離を一〇年で駆け抜けなければならない。われわれがこれを成し遂げるか、それとも押しつぶされるか、である」。この三一年二月のスターリン発言は、当時の党＝国家指導部の切迫感を示している。

最適案は工業生産を一八〇％増、うち生産手段生産を二三〇％増と定め、銑鉄は三四〇万トンを一〇〇〇万トンに引き上げるものだったが、三〇年六―七月の第一六回党大会では、さらに一七〇〇万トンにまで引き上げられた。こうした国家レベルの目標に従い、各企業は高い生産目標を立て、労働者には高いノルマ(標準作業量)を課し、出来高払い制や報奨金で生産意欲を刺激しつつ、生産に駆り立てた。既存の工場、鉱山では設備の更新がはかられる一方、多数の工場、コンビナートが新たに建設された。マグニトゴルスク、ノヴォクズネツクの製鉄所、スターリングラード、チェリャビンスク、ハリコフのトラクター工場などである。

表 1　工業生産の成長率（各年）（％）

	ソ連公式統計			ナッター（工業全体*）
	工業全体	A グループ	B グループ	
1929	20.0	28.5	14.4	17.0
1930	22.0	38.1	10.1	12.8
1931	20.5	28.8	12.8	−3.5
1932	14.7	19.4	9.7	6.8
1933	5.5	6.1	4.8	1.9
1934	19.1	25.2	12.2	16.2
1935	22.6	26.6	17.4	22.7
1936	28.7	30.9	25.6	10.4
1937	11.2	8.5	15.0	2.3
1938	11.8	12.4	11.1	1.1
1939	16.0	18.7	12.2	1.7
1940	11.0	13.8	6.8	−5.5

＊1955 年価格．A は生産財，B は消費財．（文献(8)富田著，9 頁）

急進的工業化は、一部の青年労働者の社会主義への熱情に依拠し、「突撃作業運動」「社会主義的競争」のような合理化を伴わない精神主義的な増産運動によって進められた。この過程でブルジョア出身専門家が排撃されたが、二八年三月「シャフトゥイ裁判」に始まる一連の政治裁判がそれに拍車をかけた。三〇—三一年の「産業党裁判」ではM・ラムジンらが、「メンシェヴィキ裁判」ではV・グローマン、N・スハーノフらが、「勤労農民党裁判」ではコンドラーチェフ、チャヤーノフらの著名な経済専門家が被告席につけられた。青年労働者の攻撃は、ブハーリン派のトムスキー率いる労働組合幹部層にも向けられ、労働組合は自立性を剥奪され、国家と企業に従順な機関に変えられた。

第一次五カ年計画の工業生産は一六回党協議会の目標には及ばなかったが、大恐慌下の資本主義諸国を後目に類例を見ないテンポで増加した（銑鉄は三二年に六二〇万トン）。しかし、およそゴスプラン（国家計画委員会）が工場・鉱山レベルまでの統一的な計画を立てられるはずがない。

工場・鉱山サイドも計画を「適度に」（高すぎて次年度に目標数字を引き上げられない程度に）超過達成した。市場による調節がないだけに、鉄鋼生産に石炭・コークスの供給が追いつかない等の無数の不均衡を生み出した。労働者は、人手不足の有利な条件下で「適度に」（手抜きして）働き、月末になると突貫作業で「帳尻合わせ」するのだった。職場をしばしば替え、「渡り歩く」こともできた。しかも、経営側もこうした働きぶりを織り込み済みで、省庁から降ろされる生産目標の低め達成に努めたのである。

国民の負担は大きく、生活は苦しかった。農民は生産コストを大きく下回る価格で農産物を納入させられる一方、割高な工業製品を購入したが、この差額が工業化の有力な源資だった。労働者の賃金は、格差を拡大しながら（出来高払い制）、全体として名目的には上昇したが、実質賃金はインフレにより、公債の強制購入によっても低下した。国家はまた、欧米からの設備・機械輸入のため穀物輸出を増やしたが、それは、配給制下の都市における貧相な食生活、農村における飢饉を前提とした飢餓輸出に他ならなかった。

この工業化は後の自画自賛的評価とは裏腹に、欧米資本主義国からの設備・技術（ライセンス）購入、技術者の現場での協力に大きく支えられていたのである。ネップ期のソ連経済・技術水準は欧米に大きく遅れをとっていたからであるが、大恐慌下の欧米諸国から職場を求めて、一部は社会主義に魅《ひ》かれて労働者、技術者がソ連にやってきたことも見逃せない。むろん、ソ連が欧米諸国と友好関係にあったわけではなく、欧米諸国はソ連が囚人労働による安価な製品を「ダンピング輸出している」と攻撃し、ソ連は帝国主義諸国がブロックごとに対立しながら、フランスをはじめとする列強がソ連攻撃のチャンスを窺っていると見ていた。

第二次五カ年計画（一九三三—三七年）は、「量より質」を重視し（技術の修得）、多少とも消費財生産

表2　国民所得のセクター別割合(%)

	1913	1928	1932	1937	1940
農業	50.7	48.3	32.1	31.0	29.5
工業	21.4	20.4	28.8	32.2	32.8
建設	5.1	3.2	5.1	5.2	4.5
運輸	5.8	3.9	7.5	8.3	8.2
商業	8.1	7.9	6.2	5.1	4.7
サーヴィス	8.9	16.3	20.3	18.1	20.3
計	100.0	100.0	100.0	100.0	100.0

（文献(8)富田著，8頁）

に配慮し、一九三五年初頭には穀物等の配給制が廃止された。スターリンは「生活がよくなった」と宣伝しながら、いっそうの生産増強を求めた。同年八月にドンバス（ドネツク炭田）で始められたスタハーノフ運動が称揚され、作業ノルマの超過達成者には報奨金と住宅等の優先配分の特典が与えられた。他方では、矯正労働収容所の囚人（多くは元農民）による白海・バルト海運河などの巨大プロジェクト建設への貢献も忘れてはならない。

こうして一九三七年に、ソ連は工業総生産でヨーロッパ一位（世界では米国に次いで二位）となり、「重厚長大」型生産中心の工業大国にのし上がったのである。

2　全面的な農業集団化

一九二七年末に始まる穀物調達危機に対する「非常措置」は、農民から強制的に穀物を買いたたくもので、調達量は確保したが、農民の反抗を招き、二年後には農業の集団化が開始された。小農民の個別経営よりは集団農場（コルホーズ）の方が生産性は高いという信念、穀物調達も容易だとの判断に基づくものである。二九年四月の第一次五カ年計画を策定した第一六回党協議会でさえ、集団化率の目標は一八―二〇%に留まっていた。

「全面的」というのは、村（共同体）丸ごと、総会決議《スホード》に則ってコルホーズを設立することを意味した。スターリンは、コルホーズ建設を農民の自発性に基づく「偉大な転換」と呼んだが、事実は国家権力による強制だった。都市から派遣された共産党の全権代表と労働者が貧農を味方につけ、スホードを開かせ、クラークを攻撃しつつ設立を決議させたに過ぎない。

農民は激しく反発し、各地で蜂起に訴えた。一九三〇年一―三月に農民蜂起は二二〇〇件以上あり、参加者は八〇万人を超えた。これはオ・ゲペウと軍隊により弾圧され、首謀者＝クラークは極

表3　集団化率の推移(戸数での％)

年月日	30. 1. 20	30. 3. 1	30. 6. 1	31. 6. 20
北カフカース	46.5	76.8	58.1	82.0
ヴォルガ下流	56.0[1)]	67.8	37.5	82.4
ヴォルガ中流	39.0	56.4	20.5	65.4
シベリア	14.0	46.8	19.8	51.4[2)]
ウラル	35.4	68.8	27.3	61.5
カザフスタン	20.5[1)]	42.4	28.5	58.1
ウクライナ	15.4	62.8	38.2	65.9
ベロルシア	27.0	57.9	11.5	38.0
ザカフカース	—	49.8	15.0	36.8
ソ連全体	21.6	56.0	23.6	54.7

1)1月1日時点　2)西シベリア　(文献(8)富田著，24頁)

表4　穀物の生産・調達・輸出(100万t)

	生産		調達	輸出
	公式	補正		
1929	71.7	71.7	16.08	0.178
1930	83.5	83.5	22.14	4.764
1931	69.5	69.5	22.84	5.056
1932	69.8	69.8	18.78	1.727
1933	89.8	68.4	23.29	1.683
1934	89.4	67.6	26.25	0.769
1935	90.1	75.0	28.39	1.517
1936	82.7	55.8	27.6	0.321
1937	120.3	97.4	31.94	1.277
1938	95.0	73.6	29.09	2.054
1939	106.5	73.2	30.71	—
1940	95.5	86.9	—	—

＊1933年から公式統計は「生物学的収量」(立毛の，即ち逸失ゼロと見込んだ収量)となり，過大評価されるようになった
(文献(8)富田著，18頁)

北やシベリアの矯正労働収容所にぶち込まれ、多数の農民が遠隔地に強制移住された。農民は蜂起に至らなくても家畜を屠殺して、コルホーズへの供出を拒否した。M・ショーロホフの『開かれた処女地』は、彼の故郷北カフカース地方ヴョーシェンスコエ村における農業集団化の生々しい描写である。

スターリンは播種期を前に、赤軍の動揺や国際世論の反発を恐れて「成功による幻惑」なる論文を発表し、行き過ぎの責任を地方、現場になすりつけ、集団化のテンポを落とした（三月の五六・〇％が六月に二三・六％に）。しかし収穫期になると再びテンポが引き上げられた。一九三一年六月に集団化率は五四・七％に戻ったが、この年は不作でもあり、集団化が進んでも穀物調達の結果は芳しくなかった。飢えがしだいに広がり、それでも穀物調達が強化され、輸出さえ行われた。

この国は一九三二―三三年冬に、南部の北カフカースやウクライナなどの穀作地帯を中心とする大規模な飢饉に見舞われた。飢饉はカニバリズム（人肉食）を伴う悲惨なもので、死者は三〇〇万人を超えたという。都市には農村から逃れた孤児や女性があふれ、犯罪や売春が横行した。農村からの人口流出を阻止するために一九三二年末に国内旅券制が導入され、農村住民は「二級市民」とされた。

農業集団化は、農民の「コルホーズへの囲い込み」に他ならない。しかし、コルホーズは工場のような労働時間、労働規律、労働組織で運営できるはずもなく、農業機械もまともに供給されず、しかも農民が働く意欲を失ったため、生産性は低かった。集団化率が八〇％を超えた一九三五年初頭に模範アルテリ定款が定められたが、それはコルホーズ員に小さな住宅付属地と少数の小家畜の私有を認め、自家消費を許す体制側の妥協策に他ならない。

農業集団化は、ロシア革命期に中央部からシベリアにかけて蘇生し、農民による土地占拠のさいに拠り所になり(土地は神のもの)、ネップ期にも独特な「土地の定期的総割替」の慣行を続けた共同体の最終的解体を意味した。教会の鐘が共産党員とオ・ゲペウの来村を告げ知らせる合図であり、集団化が「反キリスト」の出現と捉えられたため、ロシア正教会は激しく弾圧されたのである。

集団化はまた、カザフスタンのような遊牧地域でも強制され、多数の家畜が屠殺され、住民の一部が中国に流出した。遊牧民に固有の生活様式＝文化も破壊された。

3　文化革命から国民統合へ

熱狂的な工業化は「文化革命」を伴った。ネップに不満を抱く青年層を代表するコムソモール活動家が労働や教育の現場で先導した運動、ブルジョア出身技術者を攻撃して、青年労働者がこれにとって代わる運動であり、教育を生産に直結させてプロレタリア専門家を養成する政策である(「総合技術教育」というマルクス主義的理念が背景にあった)。

文化革命は、文学・芸術・学問の領域にも及び、マルクス主義のイデオロギーが直に持ち込まれた。学問には「党派性」(スターリン的に解釈されたマルクス主義の立場)が要求され、検閲はいっそう厳しいものとなった。小説や演劇、映画、絵画などは社会主義建設を賛美し、共産党と突撃作業員を「善玉」、ブルジョア専門家やクラークを「悪玉」とする無味乾燥なものに変えられた。一九三四年八月にソヴィエト作家同盟が創設され、作家は狭い党派根性を捨てて「人間の魂の技師」(スターリン)になるよう求められ、労働と生活の場に密着した「社会主義リアリズム」が称揚されるようになった(階級路線はやや緩和された)。

同時に、広義の「文化革命」=生活様式の劇的な変化も忘れてはならない。まずはリテラシー(読み書き能力)の著しい向上で、ネップ期以来農村で地道に進められてきた識字運動に拍車がかけられ(一九三〇年に一〇歳以上の識字率は六三%に)、四年制初等義務教育は数年間で児童のほとんどをカバーした。初等学校の上に中等学校、さらには大学が整備された。技術教育を旨とする工場付属学校、工業専門学校、工科大学も開設され、後二者を卒業した専門家は一九二八—四一年に五二万人から四〇〇万人に急増した。

その結果、読み書き能力を身につけた農民は都市へ移り、労働者は工場付属学校で学んで熟練労働者に、技手は工業専門学校で学んで技師に、技師は工科大学、大学で学んで管理者になる社会的上昇(垂直的移動)が大規模に見られた。農民は国内旅券制の障壁にもかかわらず、旅券制実施が緩慢だったため、また企業による「組織的徴募」を利用して都市に移住したのである。

こうした水平的移動により、都市人口は一九二六—四〇年に全人口の一八%から三三%へと急増した。都市整備は第一次五カ年計画期末にようやく着手されたが、地下鉄(モスクワでは一九三五年開通)や運河(モスクワ・ヴォルガ運河)建設の一方、住宅事情は劣悪で一人当たり居住面積はむしろ減少した(アパート一部屋に複数世帯、台所やトイレは共用)。それでも都市は農村よりは食糧事情がよく、生活も便利で、就業と上昇の機会に恵まれていたから、人口が増え続けたのである。

しかし、農村の飢饉、都市における犯罪や売春の横行といった社会的カオスは、体制にとって何としても解決すべき課題であった。折しも一九三三年一月ドイツでヒトラー政権が誕生し、極東の日本に加えて対外的な脅威が増大した。そこで、国民統合のためにマルクス主義とは別のシンボルが必要になった。「家族」と「祖国」である。

「家族」は、戦時共産主義期には女性を隷属させるとして敵視され、農業集団化期にはクラークの親を告発して殺害された少年パヴリク・モロゾフが称揚されたが、いまや国民の結束の最小単位として見直されるようになった。家族関連法規は一九三六年夏に「全人民討議」を経て採択されたが、離婚を制限し、妊娠中絶を禁止して多産を奨励し、産院・託児所・幼稚園を拡充し、養育費不払いに対する罰則を強化するといった内容である。

「祖国」擁護は、従来の「プロレタリアに祖国なし」の立場から一転して、「社会主義の祖国」を守る「ソヴィエト愛国主義」として復活させられた。一九一八―二〇年の列強による「干渉戦争」はソヴィエト人民の「祖国防衛戦争」だったというわけである。「ソヴィエト愛国主義」はやがて独ソ戦争の中で全面的に開花することになる。

なお、宗教信仰の問題について言えば、たしかに、ロシア正教会をはじめ各宗教団体は一九二〇年代、続く農業集

表５ 1937年国勢調査の「宗教」項目（16歳以上）（人）

	読み書きできない	読み書きできる
信仰なし	4,632,012	37,611,202
ロシア正教	17,173,336	24,448,236
アルメニア正教	89,784	52,315
カトリック	157,838	326,893
その他のキリスト教	124,447	268,492
ユダヤ教	92,207	183,905
イスラム教	5,797,492	2,459,058
仏教，ラマ教	50,068	22,071
シャーマニズム	16,652	4,292
その他	—	—
計	29,937,843	68,473,289

（文献(8)富田著，271頁）

団化の時期に弾圧されたが、教会堂は閉鎖され(倉庫に変えられ)ても、個々人が自宅でイコン(聖画像)を前に祈ることまでは当局も禁止できなかった。一九三七年一月の国勢調査に宗教信仰の項目があり、調査対象個人が「信仰なし」、ロシア正教以下九の宗教のいずれかを「信ずる」と回答するものだったが、総人口推計一億六〇〇〇万人のうち九八〇〇万人(一六歳以上)もが何らかの信仰を持っていることが判明した。

4 憲法改正と大テロル

ソ連は、一九三六年一二月に「社会主義の基礎が建設された」という認識に基づいて憲法を改正した。工業化と農業集団化により搾取階級が一掃されたという理由で、一九一八年ロシア共和国憲法にあったような労農間の「一票の価値」の階級的差別をなくし、間接・多段階選挙を直接選挙に変更した。と同時に権利規定の充実をはかり、「人身の不可侵」「信書の秘密」等を導入したが、これは反ファシズム国際協調の対外政策に合わせたものである。

ここで反ファシズム国際協調に言及しておく。ナチ・ドイツが政権獲得以来侵略的傾向を露わにしてくると、知識人の呼びかけに始まる反戦・反ファシズム運動が西欧でさかんになり、ソ連共産党が牛耳るコミンテルンもこれに歩調を合わせ、社会主義革命を後景に退け、反ファシズム人民戦線運動を推進するようになった(一九三五年八月第七回大会)。ソ連外交としても資本主義を「危険なファシズム」(独伊日)と「よりましな資本主義」(米英仏)に分け、後者、とくにフランスと協調して(一九三五年五月仏ソ相互援助条約)ファシズムを封じ込めようとする「リトヴィノフ外交」(外務人民委員M・リトヴィノフの名による)を展開した。

むろん、これは国際世論に配慮したものであって、ソ連国家の本質まで変更するものではなかった。さすがに「プロレタリア独裁」は目立たぬようにされ、旧クラークも選挙権を付与されたが(普通・平等選挙)、権利拡充には義務(祖国防衛、社会主義財産防衛)強調が伴い、その権利規定にも旧憲法と同じく「社会主義体制強化の目的で」という制限が付され、「結社の自由」は、「共産党=指導的中核」規定で有名無実となった。加えて「人民の敵」「祖国への裏切り」といった恣意的解釈を許す政治的概念が盛り込まれたのである。

憲法改正は一九三五年一―二月の第七回ソ連邦ソヴィエト大会で発議され、三六年六月のソ連邦中央執行委員会で草案が承認され、五カ月間に及ぶ「全人民討議」にかけられて一部修正の上、一二月の第八回ソヴィエト大会で採択された。まさにこの期間、八月に「合同本部」裁判が見せ物裁判として実施され、ジノヴィエフ、カーメネフらの有力幹部一八名が有罪判決を受け、直ちに銃殺された。

スターリンは国外に向けて「ソヴィエト民主主義」を欧米のそれより優れた制度だと吹聴しながら、国内では作成中の憲法草案の諸権利規定さえも「人民の敵」規定で踏みにじったわけである。ボリシェヴィキには、法律や憲法が権力者を縛るものという発想は皆無で、権力者の都合よい道具に過ぎなかったが、その最悪の姿がスターリンによる大テロル(恐怖政治)に他ならない。

このあとモスクワ裁判は、一九三七年一月「並行本部」裁判、六月「赤軍首脳」裁判、三八年三月ブハーリン裁判と続いたが、犠牲者は党・国家・軍の幹部ばかりではない。三七年七月に指令さ

主要都市(文献(8)富田著，xii-xiii を一部改変)

図1 1930年代末ソ連の諸共和国,

れた「旧クラーク及び刑事犯」狩りは、いったんは社会復帰を許された彼らを矯正労働収容所に再度ぶち込むか、銃殺するもので、社会全体を恐怖に陥れた。夜中にノックがあると誰もが「自分の番が来た」と怯えた。恐怖に駆られて同僚、友人を密告する者も現れた。内務人民委員部の弾圧装置は、スタハーノフ運動のように自らにノルマを課して逮捕、処刑に血道を挙げ、歯止めが利かなくなった。

こうして、一九三七—三八年に政治的事由で有罪判決を受けた者は一三四万四九二三人、うち銃殺された者は六八万一六九二人に及んだ。多くの党・国家・軍幹部を失い、経済活動を停滞させ、社会を萎縮させ、ようやく一九三八年一月にスターリンによってブレーキがかけられた。内務人民委員N・エジョフは解任され、大テロル＝エジョフシチナはその年の末までには終熄に向かった。

なお、大テロルが多くの犠牲者と共に一定の「受益者」をも生み出したことは事実である。党・国家・軍の幹部層が排除された後を埋めた比較的若い人々がそれであり、やがて高級幹部になったN・ヴォズネセンスキー、A・コスイギンなどが含まれる。また、大テロルが完璧な社会的統制をもたらしたかと言えば、近年の研究が示すように、必ずしもそうではない。市民の手紙、日記、回想録を読み解いた研究書が示すところによれば、家族、親友、文学者仲間、信徒の仲間のような小さな集団が体制に同調せず（同調した振りをしながら）自分たちのモラルや生き方を守っていたのである。

2　大竹の『實相を語る』と『新露西亜風土記』

大竹は一九二五年秋に帰国すると、共産党幹部の市川正一《しょういち》の助言を受けて合法的な出版活動を行うため、二八年秋にロシア問題研究所を設立した。本邦最初の『ソヴェト・ロシア辞典』を刊行し、『ロシア大革命史』全一〇巻を三一年から三三年にかけて編集・翻訳した。三一年四月から一〇カ月間『東京朝日』の依頼でモスクワ特派員となり、帰国後『ソヴェト・ロシアの實相を語る』を刊行した(一九三三年)。三三年にも半年ほどモスクワに出向いたが、それは開業したロシア関係書店ナウカの取引相手メジュクニーガとの交渉のためだったという。翌年には、一般向けの『新露西亜風土記』を刊行している。

1　『ソヴェト・ロシアの實相を語る』

この本は、第一次五カ年計画期の半ばすぎに、その成果を挙げて意義を論じたものである。大竹はレーニンの資本主義と社会主義との一定期間の協調可能性論、スターリンの一国社会主義建設論を肯定し、行き詰まった新経済政策に代わる唯一の選択肢が第一次五カ年計画であると見る。工業化によって資本主義諸国に追いつき、追い越すことなしには、しかも資本主義諸国の包囲の下では工業製品を自給自足することなしには、社会主義を建設できないからである。

工業諸部門は、石炭、鉄鉱、工作機械、農業機械、トラクター、機関車いずれの分野でも、五カ年計画を三年目で達成した。むろん、製品の質と技術水準、労働生産性の低さ、運輸部門の不調による原燃料の配給の不均衡などの欠陥はあった。しかし工業生産は、マグニトゴルスクやクズネツクの大製鉄所が完成し、製鉄でアメリカに次ぐ世界第二位を占めるようになるなど、資本主義諸国の恐慌を後目に大躍進を遂げた。

農業の集団化も著しく進展した。大竹が旅行した北カフカースやウクライナでは集団化率が九〇%を超え、コルホーズの主要形態であるアルテリが普及した。機械化も進み、トラクターやコンバインが導入されて農村の姿は一変した。コルホーズ農民は「賑やかで陽気」に働き、人為を超えた自然の力に圧倒されて頼ってきた「神様を信じなくなって来た」一方、残された個人農は「懐疑的で、孤影悄然として」見える(八八—八九頁)。

大竹は、農業集団化の現場を見ておらず(見せてもらえず)、ポスターを現実と取り違えているようである。むろん、彼も集団化が農民の抵抗に遭《あ》って容易には進まなかったことは知らないではない。農村における階級闘争が激しく、「土地と財産を没収され、シベリアへ流された搾取農も決して少なくない」とし、ショーロホフの小説(『開かれた処女地』)に書かれていると指摘しているからである(一二八頁)。しかし、この「農村における階級闘争」、搾取農＝クラークの激しい抵抗なる見方がソ連当局の主張の鸚鵡《おうむ》返しに過ぎない。集団化「運動」というと、いかにも農民、中農がコルホーズを歓迎し、それを妨害するクラークと闘ったかのようであるが、農業集団化はトラクター供給も追いつかないのに、農民を強制的にコルホーズに囲い込んだものである。

従って大竹は、集団化の動因であり、その失敗の結果でもあった苛酷な穀物調達に触れていない。

ましてや、一九三二―三三年の大飢饉には一言も触れていない。彼が訪れた北カフカースやウクライナではすでに一九三〇年から飢饉が忍び寄っていたのだが、もちろん見せてもらえるはずもなかった。農民の都市への大量流出、都会で孤児と女性が物乞い、犯罪、売春をせざるを得なかったことも目にしていないようだ（モスクワは取締りがとくに厳しかったから）。

また大竹は、工業における導入新設備がうまく稼働しなかった例（スターリングラード・トラクター工場における米国製設備）を挙げ、「どこの工場へ行っても酔っぱらいや怠け者退治のポスターが貼ってあるところを見ると、そういう連中がかなり沢山いるに違いない」と指摘している。あるいは「国民がそんなに働いても、生活物資を獲得するのに皆が非常に困難を感じているし、国民の手に渡る品物の質が極めて粗悪なのは、社会主義を目指して進んでいるソヴェト政治の趣意に反する」という外国人の意見も紹介する。

しかし、すべてが「社会主義へ向う過渡期」ゆえに「仕方のないことだと思われる」とされる（一三八頁）。大竹は、ある工場を視察して若い労働者に「革命前の生活と現在とどっちが君達には暮しよいね？」と尋ねると、彼はこう答えた。「私は革命前の生活がどんなだったか知らないんですよ。今だってどこが悪いんです？」と。異邦人には不自由だと思われる個人生活も、彼から見れば前よりもずっとよくなって来たとしか思えない。「同じような青年が、工場はもとより、ソヴェト連邦の何処へ行っても中心になって働いているということに目を向ける必要がある」（一三八―一三九頁）。

大竹は、ネップマンやクラークの囚人労働にも言及している。「そういう目に逢った連中」（筆がすべったのか、ソ連当局者の言い回し)は、五カ年計画以来非常に多数にのぼり、外国からはソ連の強制労働政策が非難された。資本主義制度の見地にたって「個人生活の自由という点からみると、…まさしく恐怖政治の現われ」だが、彼ら政治犯数万人が白海の運河建設で勲章をもらったり、減刑をされたりしている。「囚人が勲章を貰って表彰されるという国は、ソヴェトのほかに世界中にないであろう」という(一二一―一二二、一三七頁)。「あばたもエクボ」とでも言おうか、度し難いソ連追従である。

大竹のソ連観は「一　プロレタリア独裁と共産党」にも明らかである、ソ連は共産党の独裁国家であり、スターリンが究極の独裁者だという欧米の批判にこう反駁する。「指導される者が、指導する者に対して反撥せずにこれを支持するときには、その指導権は破りがたい力となる。その反対の場合には、指導権は崩壊する。プロレタリアの敵にあたる階級やプロレタリアートの中の意識足りない分子を駆ってこの独裁権に亀裂を与えるような政治結社を許さないという理由も、この指導権を強くするという目的からきているのである。プロレタリア独裁の政治は「正義の強制」の政治である。正義は誰れの正義かといえば、プロレタリアの階級の正義だ、と答える」(一三頁)。これこそレーニン主義の信条告白に他ならない(七―一三頁)。

2『新露西亜風土記』

前著のわずか一年後に刊行された本書は、一般向けに書かれている。序章「ソヴェト・ロシア新風景」、第一章「歴史の概観」、第二章「地理の概観」、第三章「政治組織」、第四章「天然資源」、

第五章「経済財政」、第六章「工業と農業」、第七章「運輸と商業」、第八章「教育と社会施設」、第九章「思想・文学・芸術」、第十章「軍備」、第十一章「日ソ関係」である。統計や図版、写真を多用し、序章、第八、九章のような読者の関心を惹《ひ》くテーマを含めている。

ここでは政治・経済関係のテーマは前著と重複するので割愛する。ただ、いくつか指摘しておくべきことがある。政治組織では、共産党中央委員会が選出する事実上の最高指導機関ポリト・ビューローは「政治部」ではなく「政治局」が定訳である。共産党の独裁を「大衆合議制と少数独裁制の長所を一つにしたもの」とするのは、建前(プロレタリアという大衆的基盤を持つ)と実態を混同する苦しい説明である(本人は確信しているのかもしれない)。

また、レーニンの一国社会主義論とトロッキーの「永久革命」論の対比も(一三二頁)、スターリン派の主張の鵜呑みに過ぎない。レーニンは、ロシアで始めた革命はヨーロッパ先進国における革命とその援助なしには持続できないと考えており、この点ではむしろトロツキーと一致していた。より正確に言えば、ロシアのような後進的でブルジョアジーが幼弱な国では、労働者がブルジョア革命の主導権をとり、連続的に社会主義革命に転化させる、そのさいヨーロッパ革命の支えが不可欠だとするのが「永久(永続)革命」論である。

経済面、工業化と農業集団化では前著よりマイナス面の指摘が弱まっている。工業化の叙述はほとんどソ連当局の鸚鵡返しであり、欠点の指摘さえない。農業集団化では「一九二八年の不作に乗じて政府の公定相場による穀物買付に反対したのは、主としてこの富農層で、ソヴェト政府はこれを敵として大弾圧を加えた」と肯定的である(一一七頁)。「或るところでは、この集団化運動が不健全な形でおこなわれた」とか「地方の党員や官憲が功名を急いで無理やりに集団化をやった所もある」とかの指摘はあるが、スターリンの「成功による幻惑」論文（一九三〇年三月二日）で克服されたかの如き叙述である（二一八頁）。ましてや、大飢饉には何の言及もない。

　農村の混乱が触れられたのは、第九章の「反ソヴェト思想」の項と文学の項においてである。前者は、「農村においては富農が自暴自棄になって無法なことをやり、中・小農の一部がこれに呼応して農業の集団化を阻止したりして、農民大衆の人心に動揺をきたし、一般農業経済が破壊されるという情勢さえ生れそうになった」という指摘である（二九七―二九八頁）。後者は「農業集団化を描いた諸作品」で、パンフョーロフの『ブルスキ』、ショーロホフの『開かれた処女地』などが挙げられた（三一五―三一六頁）。『開かれた処女地』の説明は不正確だが、スターリンといえども、この国民的作家を弾圧するには難しい、党・政府の公式路線をギリギリ逸脱しない範囲での批判的な作品であった。

　第八章では、学校教育（七年制義務教育＋中等専門学校＋高等専門学校・大学）のほか、熟練労働者を育成する工場見習（付属）学校、農村部を中心とする識字学級、図書館や博物館、乳幼児を対象とする託児所、児童診療所、母性保護と労働婦人の保護までが分かりやすく説明されている。この教育・社会政策は、質的な欠陥もあったにせよ、ソ連国家が誇れる成果と言えよう。なお「浮浪児の保護」も言及されているが、それを生み出した二度の大飢饉は触れられていない。

　序章ではソ連の「新生事物」とも言うべきものが紹介されている。社会主義都市《ソツゴロド》、農業都市《アグロゴロド》、「土をいじらない農民」である。「土をいじらない農民」とは、農業機械を利用して農作業をするコルホーズ農民のことを言いたいのであろうが、機械化はそれほど進んではいなかったし、農場が工場のように、天候や土壌、家畜の健康に関する伝統的な知識(知恵)と経験なしに運営できたのかという根本的疑問がある。「炊事工場」、つまり工場・職場付設の給食施設は、女性を家事労働から解放する意義は大きいが、まだ穀物配給制が敷かれていた時期に、どこまで機能し得たのかという疑問が残る。

大竹は、三度目の訪ソで青年と婦人の変化に注目した。「この人たちは革命のころ十歳以下だったし、古い生活の経験がない。そこへもってきて、飢饉などを通ってきているので(一九二一―二三年と三二―三三年の飢饉か)、今の生活が前よりも非常によくなってきていると考えているようである」。女性の職場は実に多様で、製鉄労働者も旋盤工もいる。「建設の時代で人手が足りないということもあるが、一つは、婦人が仕事に慣れてきた結果である」(五四―五五頁)。

最後に第九章に含まれた反宗教運動の話だが、その叙述は不正確である。ソ連では当初憲法により信教の自由を許していたが、五カ年計画期になって反宗教運動が組織されたというのは誤りである。内戦期に教会は白軍側についたため弾圧され、一九二一―二二年の飢饉のときに教会は礼拝用の道具など貴金属を没収された。農業集団化期に「教会の打鐘は禁止される」が、それは農民の結集の合図だったからであり、集団化後に礼拝堂は物置と化した。「けれども国民の間にしみこんだ宗教心そのものは、一朝一夕でそうたやすく根絶しえないであろう」という見通しが正しいことは、一九三七年の国勢調査、そして大祖国戦争期に証明されることになる。

大竹がなぜ、前著からわずか一年でソ連の暗部にいっそう眼をつぶるシンパサイザーになったのかはよく分からない。ナウカ書店開業につきメジュクニーガとの取引の便宜以上のものがあったのか、日本の共産主義運動の停滞(三三年六月佐野学・鍋山貞親の獄中転向声明)と対比してソ連の社会主義建設の進展を強調する心理になったのか、不明である。やがて大竹は、一九三六年七月に治安維持法違反容疑で逮捕される。

3　丸山の特派員記事と『ソヴェート通信』

丸山政男(一九〇〇―一九八八年)は『東京朝日新聞』記者、一九二五年日ソ国交樹立を記念する事業として社機でモスクワを訪問し、三一年から三八年までモスクワ特派員を務めた。一九四一年刊行の『ソヴェート通信』は、紀行文の中に三五、三六年の記事を含んでいるが、大部分は三八年から四一年にかけて、帰国後に書いた文章である。ここでは、特派員としての記事をまず取捨選択して紹介し、まとめとして『ソヴェート通信』の総論的な文章を検討する。

1　丸山の特派員記事

丸山の特派員記事は一九三一年から三八年まで、単発と連載合わせて三六本に及ぶ。着任後最初の記事「モスコーの景観」、最後の記事「現代ロシヤ人」のような世相観察、インタヴュー(ルナチャルスキー、リトヴィノフ)及び人物論(スターリン、ラデック)、モスクワ裁判傍聴記、米ソ国交や配給制廃止、スタハーノフ運動や新憲法制定など大きな出来事の分析から成っている。着任が一九三一年で、工業化や農業集団化は進行中だったため、その本格的な分析はない。

(1)モスクワの景観(一九三一年七月)

五回にわたるこの連載は、本人が知っていたか否かは不明だが、六月の共産党中央委員会総会がモスクワの都市建設を議題とした直後である。第一次五カ年計画のさなかモスクワ市はソ連の首都として、工業都市としても発展しつつあり、人口は二七八万人を数えた。

記事はタイトルどおり、モスクワの目抜き通り、建物、交通機関の紹介から始まっている。郊外の児童園とダーチャ(セカンド・ハウス)、市内のレストラン、スポーツ施設、文化・休息公園なども紹介された。高層ビルの建設ラッシュが始まっており、救世主ハリストス大聖堂がソヴィエト宮殿建設のために爆破されたのは、その年の一二月である(記事には「撤去」の噂が流れていると書かれた)。人口増加に住宅供給が追いつかないこと、交通機関は、辻馬車が消えて電車中心だが、地下鉄建設が話題になっていること(実際には三五年営業開始)も指摘された。

工業化と労働者の話は直接には出てこないが、ウダルニク(突撃作業員)のポスターが至る所に貼られ、労働者は年八七日の有給休暇をもらい、郊外の安息の家で休日を過ごし、さらには夏に南方に旅することを夢見ている。商店はむろんすべて国営であり、高官用の閉鎖配給所、コーペラチヴ(協同組合)商店、普通の商店に分かれるが、商品は国産品の愛用と節約が奨励されている。

(2)経済事情(一九三二―三六年)

工場や運河の話は出てこないが、ウクライナのドニエプル水力発電所の取材は許された(三二年一一月)。世界最大のこの発電所には、米国ニューボルト・ニュース社の九万馬力のタービン九基が据付けられ、三三年に九基すべてが稼働すると、年間の電力生産は二九億キロワットにのぼり、帝政期の全発電所の生産の一・五倍にもなるという。

このように、工業化に欧米の設備・機械を導入したことは、米ソ国交樹立(三三年一一月)後の両国関係に関する記事(三四年一月四日)からも窺われる。アメリカのトラクター輸出の五割がソ連であること、アメリカ人技師が二〇〇〇名も招聘されたこと、一九三〇年のソ連輸入額の三割五分が米国に占められたこと、ソ連は強制労働の産物たる商品をダンピング輸出しているという欧米諸国の非難により、貿易は一時減少したが、米ソ国交で回復が期待され、ソ連はとくに米国からの長期クレジットを切望していることなどが指摘されている。

一九三五年一月の「パン切符」(穀物配給)制廃止にかかわる記事(一月四日)は、以下のようであった。「農民はこの集団化政策に執拗なる反抗を繰返し、農業生産は危機的に激減した」が、「昨年あたりからそろそろソ連のコルホーズ政策が成功を見、全耕地の九割が社会化され、生産増大は間違いなしと見透したため」である。丸山はこの見透しに疑問を投げかけているが、その通りである。飢饉によって低下したコルホーズ員の労働意欲は、住宅付属地や自家小家畜を認めたくらいでは回復せず、むしろ社会化経営での「手抜き」労働が常態化したからである。

工業面では、スタハーノフ運動がやや遅れて取り上げられた(三六年一月)。生産競争の前例としては、第一次五カ年計画期にウダルニク運動があったが、それが労働者の熱情に訴えて「無茶苦茶に働く」ものに過ぎなかったのに対し、スタハーノフ運動は「技術の修得」が前提だと言う。たしかに、スタハーノフの作業班は、最良の労働者のチームが十分な食事と休憩のうえ最適の労働組織に配置され、最新の掘削機と運搬手段を用いたからこそ作業ノルマの一四倍もの採炭に成功した。しかし、どこでも同じような条件が用意できるわけではないから、スタハーノフ運動は、合理化なき精神主義的なものになりがちだったのである。

(3)対外関係(一九三四―三五年)

米ソ関係の記事はすでに言及したが、丸山によれば、ソ連は日本との接近を求め、不侵略(不可侵)条約を提議している。日本には「赤化宣伝」を恐れる向きも多いが、ソ連・ポーランド間の不侵略条約締結後、ポーランド共産党は八万から一万二千に激減している。日ソ間には漁業、石油利権で対立があるが、両国の接近は可能ではないかと言う。

一九三四年にはソ連は国際連盟に加入したが、その記事の見出しは「自国安全保障に　一転協調外交へ」である(一〇月二四日)。ソ連は、日本が連盟を脱退したとき「帝国主義の道具」にすぎない連盟の無力を示したものとほくそ笑んだはずなのに、一転して加入である。国内建設第一であり、そのために平和な国際環境が必要だからである。ソ連はドイツ、イタリア、日本のような「現状打破」勢力とは違って「現状維持」勢力になっている。二国間の不侵略条約を結んだだけでは安心できず、東方の安全保障条約(丸山は用いていないが、外交史で言う「東方ロカルノ条約」)をめざしている。

一九三五年三月のイーデン英国外相訪ソ、五月の仏ソ相互援助条約締結に関連する記事もある（五月一八―二〇日）。ソ連はドイツがまずソ連を、ついでフランスを攻撃すると判断し、反ソ戦線の結成を阻止すべく東欧条約をめざしたが、ポーランドが反対し、イギリスが「日和見」を決め込んだため、これを断念して仏ソ相互援助条約を締結した。従来はソ連にとって「前門の日本、後門のドイツ」だったが、日本とは北鉄協定（中東鉄道＝北満鉄道をソ連が満洲国に売却、三五年三月）を結んだので「前門のドイツ、後門の日本」となった。北鉄譲渡は満洲国の事実上の承認に他ならない。

(4)新憲法制定とモスクワ裁判（一九三六年）

丸山は、憲法草案「全人民討議」中に「波打つ新時代の微笑　ソ連邦に〝自由の大憲章〟」なる記事を書いた（七月一一日）。この見出しは新憲法への好意的態度を示すものと言えるが、むろん注文もつけている。

新憲法を民主的と判断する理由は、第一に、労働・教育権、言論・出版・集会・信教の自由、さらには人身の不可侵、住居と信書の不可侵を保障したことである。これらは「事実上剝奪されていたソ連市民にとっては直接的な一大福音」だという。第二に、間接選挙を直接選挙に、労働者を農民より重視した選挙（一人の議員を選ぶのに農村は都市の五倍の人数の選挙区）を平等選挙に、公開投票を秘密投票に変える点での民主化である。

憲法を民主化した理由は、社会主義建設に成功し、もはやプロレタリア独裁、とくに、その鉄腕「ゲーペーウー」（国家保安部）が不要になったからである。また「純ソヴェト青年」が国の中堅となり、「新インテリ」が出現して国家が安泰したからだという。「労働者と農民の社会主義国家」という自己規定も、「勤労者の」と改められるようだとも見る。

今後の問題は「法治国家としてソ連が、この憲法をどの程度に遵守し実行するか」である。今日まで「国家の最高機関たるソヴェト大会はあれども、寧ろ形式的のもので、批判的討論一つきかれず、報告を聴取し可決するだけ」で、事実上党の独裁だったのである。党書記長のスターリンが最高ソヴェト幹部会議長になれば、「国家機関をして真実の権力を有せしめる」ことになる。

丸山は「合同本部」裁判、「並行本部」裁判について書き、前者で言えば被告のジノヴィエフ、カーメネフらが自分たちの罪を認め、自らを卑下しているのは不可解だと記している。しかし、スミルノフが「一九三一、三二年の当時にあっては政治的に反対派としてはテロに訴えざるを得なかったが、今日では国の利益のためテロを止め、さらに反対派を解消すべきである」と述べるのを聞くと、もっともだと理解を示している。

たしかに、ジノヴィエフ事件によりスターリン政権が強化されるという指摘は理解できるが、「ノーマルゼーション(正常への復帰)に拍車をかける」という見方は、まったく意味不明である。「一枚岩的な体制になる」ことを評価しているかのようである(一一月一七日)。

(5)まとめ的な記事(一九三八年一月)

一九三八年一月六、七日の「ソ連の昨今」は、丸山が帰国後に前特派員の肩書きで書いた記事である。記事はまず、三七年春に行われた「国防強化公債」募集キャンペーンを挙げ、労働者が一年で給料一カ月分の公債購入に速やかに応ずる組織力に驚嘆する。国家の統制が末端の工場、コルホーズにまで及んでいる組織力が五カ年計画達成を可能にしたが、それがまた「官僚主義と責任回避の弊風を作り、いわゆる画一主義の傾向を生んでおり」、スターリン政権を悩ませていると評している。

スターリン政権は五カ年計画を、内外の困難を利用して国民を緊張状態に置くことによって達成してきた。しかし、反対派が合法的闘争手段を奪われ、潜在化して個人的テロリズムに訴えるようになったという認識は、政権のそれの引き写しにすぎない。若者は外国の新聞、映画を見ることが許されず、外国は搾取と失業、飢餓と貧困ばかり、他方ソ連では経済が発展し、生活も良くなっていると教育されてきたから、「たとい盲信的にもせよ、スターリン政権を支持している」。

政権はまた、新憲法と大粛清の明暗両刀を使い分けている。しかし、大粛清は「外国との内通」を強い動機としたため、ソ連は対外関係の深入りを停止し、「鎖国的傾向を濃厚にし出した」。リトヴィノフが「平和的要素たるソ連から西欧は孤立してゆく」と語ったが、集団安全保障外交の失敗とソ連自らの孤立を認めたに等しい。

五カ年計画は本年より第三次に入るが、第一次の折に外国の技術を導入し、外国人技師を招聘して新工場を稼働させたが、技術の日進月歩に追いついていない。ゴリキー市のモロトフ自動車工場では、当初ガズ(ゴリキー自動車工場)という粗末な五人乗り無蓋車を生産していたが、新型車生産に移ろうとしても、設備更新に一年半余を要してなお未完成で、月産一〇〇台に過ぎない。

ソ連は、第一次五カ年計画以来技術者の養成に力を入れてきた。子供たちは、大人になって何になりたいかと尋ねられるとインジェネール（技師）か、リョートチク（飛行士）と答えるほどである。しかし、技術者はいても力量がまちまちであり、総じて技術水準が低い。それでも、工業技術者は一九二八年の九万二〇〇〇人から今日の五七万八〇〇〇人に増加したという。

一般の生活は第一次五カ年計画期に比べて向上しているが、労働者の平均月収二五〇ルーブリでは、靴一足二〇〇ルーブリも満足に買えない。最近は累進的出来高払い制が普及して優秀な技師、熟練工の月収は増大して、中には月二、三〇〇〇ルーブリを得ている者も少なくない。しかし、そのぶん未熟練工の収入は低下し、格差が広がっている。

このほか輸送の弱点など、ソ連はまだまだ問題を抱えており、それだけに対外紛争は極力避けている。昨年六月のソ満国境で起こった乾岔子《カンチャーズ》島事件で、ソ連側があっさり部隊を撤退させたことでも明らかである。

2 『ソヴェート通信』から

(1) スターリンの権力

スターリンが党内闘争に勝ち抜き、独裁的権力を握ったのは、党書記長として批判意見を封殺し、人事権によって反対派を追い落としたためであることはよく知られている。粛清は、党内の不純分子の「定期的清掃」から、国家権力（政治警察）を用いた反対派の排除、さらには肉体的抹殺へとエスカレートし、一九三六―三八年の大テロル（恐怖政治）に至った。「党、行政機関、経済、軍部と凡ゆる分野における上層、中層の幹部と従来の智識階級に属するものの約七割が更迭されてしまった」のである(四五頁)。

スターリンの統治の手段はこうした暴力、強制のみではなく、宣伝・教育も大きな役割を果たした。一九三六年にソ連を訪問したアンドレ・ジイドはソ連国民の画一性に驚愕《きょうがく》し、批判したが、丸山もこう述べる。「一億七千万の人間が皆同じことを考え同じことをいうまでに宣伝と教育が徹底しているということは、スターリン政権が何よりの強味だと恐らく考えているところではないだろうか」(七一頁)。

その結果、ソ連国民は実によく訓練された民衆である。「その訓練の程度はソ連全体が一つの巨大なる軍隊生活を、兵営生活を営んでいるに等しいとさえいえるであろう。何かの示威運動を組織する必要があるとすると、命令一下、勤労階級の人々が忽《たちま》ちにして、モスクワだけでも数十万乃至百万以上が動員される。…それは丁度集合ラッパが鳴り響けば、一切の批判を超えて、機械的に身ごしらえして集合の場所に馳せ参じる軍隊の姿を思い出させる」(七四—七五頁)。

(2)計画＝統制経済

計画経済は、政府が計画に基づき資源と労働力を合理的に配分して行う経済運営とはほど遠いものであった。「国民の我慢のできるかぎり、全体のために、国家のために、個人の生活を犠牲にして、ぎりぎりの所まで押してゆく。そしてもう一息もう一息といいながら押して行って、これ以上国民に我慢させるのは難しいという所へ来れば、そこで事態に即応した緩和策を講じてホッと息抜きをさせ、適当な休息を与えてから、また必要な方向へ引っ張って行くようにする」(六二頁)。それはむしろ統制経済と言うべきであって、第一次世界大戦のときに同盟国側も、協商国側もとった戦時国家資本主義を起源とする。

しかも、ソ連は後発資本主義ロシアを継承したため、技術水準が低く、その結果労働生産性が一九三七年に電力で米国の五分の一以下、英国の三分の一、銑鉄では米独の三分の一だった。ゴリキー市のモロトフ自動車工場では、新型車のための設備更新に一年半を要したが、米国フォード社では六週間で足りたという(九八—一〇一頁)。

(3)ソ連式社会主義

ソ連では、社会主義とは生産が国有工場ないし協同組合、コルホーズで行われている経済制度をいう。分配面では「能力に応じて働き、労働に応じて取る」原則が行われている(「欲望に応じて取る」のは共産主義)。この「労働に応じて取る」分配原則に基づく賃金形態が出来高払い制である。悪平等では労働意欲が刺激されないので、私欲と国益を調整する制度として元来は資本主義の賃金制度を借用したわけである。こうして社会主義のもとで格差は肯定され、高い賃金と各種特典を得るスタハーノフ労働者がいる一方、「却って貧困の度を加えた未熟練工が出来ているのである」(五六頁)。

むろん、労働者の賃金は格差が大きすぎないように抑えられているが、スタハーノフ労働者や管理職、官僚が受けるサービスのように貨幣換算しにくいものもある。また、市場経済的な要素も存在する。コルホーズ員は住宅付属地と小家畜の私有を認められ、自家消費分を超える生産物を売買できる。これは公認されているが、それ以外に、労働者が工場から持ち出した道具と原材料または半製品で副業を行い、その生産物を売買する、または工場自体が資材を横流しする闇市場も存在する。

(4) ロシア人の国民性とソヴィエト人気質

丸山に限らず、ソ連特派員の記事、書籍には必ず国民性論が見られる。最もよく知られているのは「ニチェヴォ主義」である。「簡単に一言で邦訳することは困難であるが、結局ロシヤ人の消極的な忍従性を表すものであり、あきらめの哲学であり、ここからロシヤ人の運命論者的な気風も生れて来たのである」(五頁)。典型例として指摘されるのが、買物の際の長い行列を我慢して順番を待つことである。モスクワっ子は「八時間労働、八時間睡眠、八時間行列」と言われるほど、行列に耐え、順番が来ても売り切れの場合には「ニチェヴォ」と言ってあきらめるという(八―九頁)。

しかし、国民性は環境、生活条件の変化、国民性を叩き直そうとする指導者の異常な努力によっては変化する。「新しいソ連が、その従来の「ロシヤ人気質」を背負って多分にそのために禍《わざわい》され、新建設に当ってもひと一倍の苦労を重ね、幾多の失敗やら欠陥を暴露してきたのは事実ではあるが、すでに現在のソ連人は昔の所謂ロシヤ人とは余程、その相貌を異にしてきているのである」(四頁)。「ソヴェート人気質」の誕生である。

補1 布施の収容所情報

これまで見てきたように、矯正労働収容所の情報はソ連の極秘事項であり、当局は国民には知らせず、外国人特派員には取材を許さなかった。しかし、囚人労働そのものについて一貫して沈黙したわけではない。一九三一年頃欧米諸国がソ連の安価な囚人労働を用いた製品の輸出をダンピングだとして批判キャンペーンを繰り広げて以来、反論の必要を感じていた。矯正労働は犯罪者をまともな人間に鍛え直す教育刑であるとするソ連の立場から、その実例を示さなければならなかったのである。

果たせるかな、一九三三年八月五日の『プラウダ』は、前日のソ連中央執行委員会決定「同志スターリン記念白海・バルト海運河建設参加者への特典付与」を掲載した。一万二四八四人は、十分に更生し、社会主義建設に貢献したがゆえに、社会防衛のための刑期の残余を免除され、五万九五一六人は刑期を短縮されることになった。五〇〇人は前科を取り消し、市民権を回復されることになった。さらに『スターリン記念白海・バルト海運河　建設史一九三一―一九三四年』なる本がM・ゴリキーの責任で編集、刊行された。同様の発表は、モスクワ・ヴォルガ運河完成時にも『プラウダ』一九三七年七月一五日になされた。

布施は『ソ聯報告』(一九三九年)の中で、ゲ・ペ・ウ(国家保安部、三四年七月以降は内務人民委員部国家保安総局だが、古くからの通称が使われていた)の拷問のほか「コンツ・ラーゲルにおける強制労働」につき入手した情報を記している。やや長くなるが、引用する。

「コンツ・ラーゲルは現に二十二ケ所ある。そのうち半数は欧露、他の半数は中央亜細亜《アジア》とシベリヤに配置されている。

白海海岸の一隅にソロフキというところがある。革命の初年、多くの囚人はそこへ流され、ソロフキの地名が流刑の代名詞となり、「ソロフキへ行った」といえば「流刑に処せられた」という意味に通じたものである。ソロフキ集屯の流刑囚が一時に増加し超満員となったのは、一九三〇年頃コルホーズ政策に反対した富農《クラーク》を片っ端から逮捕して、大量流刑に処した時のことである。富農といっても、農夫あがりであるから体格はよし、腕力も強い。何とかこのソロフキ集屯の囚人を有利に利用する方法がないかと考えたのが、ゲ・ペ・ウ長官になりたてのヤゴーダであった。手柄もたて度い、金も儲け度いというところから案出したのが、白海運河計画である。

同運河は白海から南下してラドガ湖水に出でネヴァ河を通じてバルチック海に出るもの、経済上は勿論軍事上においても相当重要性をもつはいうまでもない。この方面の北露一帯は寒気酷烈、且つ森林地帯と岩石層が多いので工事は頗《すこぶ》る困難である。しかし囚人のことだから、如何なる無理もおし通せる、それに無賃の労働である。グングン笞《しもと》の下に工事を進め、一九三三年目出度くヤゴーダ長官主催の下、スターリンとウォロシーロフ臨席の上で、盛大な開通式が行われた。恐らく、この時がヤゴーダの得意絶頂の時であったろう。同運河竣工後、ゲ・ペ・ウは同じ方式をもってモスクワ・ヴォルガ運河の工事に着手したが、この運河の竣工した時は、ヤゴーダはすでに郵電〔逓信〕人民委員に左遷され、その開通式はエジョーフ新長官の手で行われた。…

モスクワ・ヴォルガ運河の竣工した頃から、コンツ・ラーゲルの強制労働目標は概してシベリヤに移され、現にさかんに工事に従事しているのは、①中南部シベリヤ(クズバス石炭及び鉱業)、②イガルカ(築港及び採木)、③ナルイム(採木)、④レナ(採金)、⑤ヤクーツク(採金)、⑥黒龍江(鉄道複線及びその防禦工事)、⑦北樺太(採炭と採木)の七ケ所である。その多くは大体広い方形の地域に集中されているが、ただ一つ黒龍江ラーゲルだけは、アンガラ河南から始まってバイカル湖の南岸に沿い、後貝加爾《ザバイカル》鉄道から黒龍鉄道によってハバロフスクに通ずるという二千余キロの細く長い地帯にわたるもの、その使命は鉄道の複線工事とその防禦のためのドート(新式のトーチカをドートと呼ぶ)築造にあるらしい」(一八八―一九〇頁)。

他方、中平の『赤色ロシヤの嘘――五年計画の検討』(一九三二年)にも、第一二章に「強制労働」があるが、『ロンドン・タイムズ』一九三一年五月一九日「ロシヤの強制労働」第一回の翻訳である(この時期中平はモスクワ特派員をしていないので、この本のかなりの部分を米英独の新聞・雑誌に負っている)。

ちなみに、この時期に日本人で矯正労働収容所を経験したのは、勝野金政(一九三二―三四年)と寺島儀蔵(一九三八―五五年)である。このうち刑期が戦後に及んだ寺島は措くとして、勝野『凍土地帯――スターリン粛清下での強制収容所体験記』を簡単に紹介する。勝野は早大露文でロシア語を学び、フランス革命への関心から留学したパリを一九二八年国外追放され、モスクワで片山潜の秘書となった。三〇年一〇月ゲ・ペ・ウにスパイ容疑で逮捕されて自由剝奪五年の刑を受け、三二年マリインスクの矯正労働収容所を経てムルマンスクの矯正労働収容所に送られた。収容所

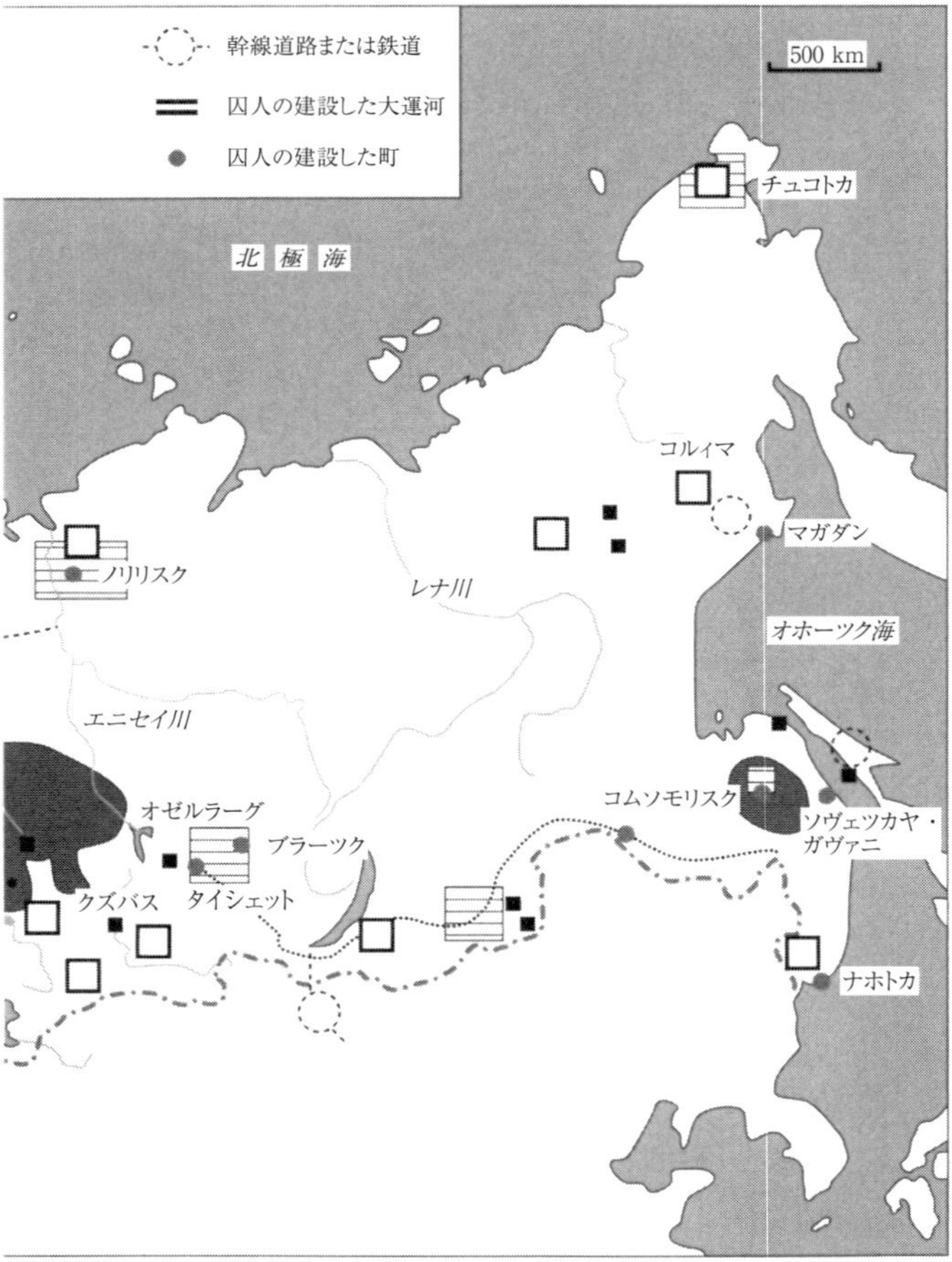
幹線道路または鉄道
囚人の建設した大運河
囚人の建設した町
500 km
チュコトカ
北 極 海
コルィマ
マガダン
ノリリスク
レナ川
オホーツク海
エニセイ川
コムソモリスク
ソヴェツカヤ・ガヴァニ
オゼルラーグ
ブラーツク
クズバス
タイシェット
ナホトカ

(文献(12)富田著, 6-7 頁)

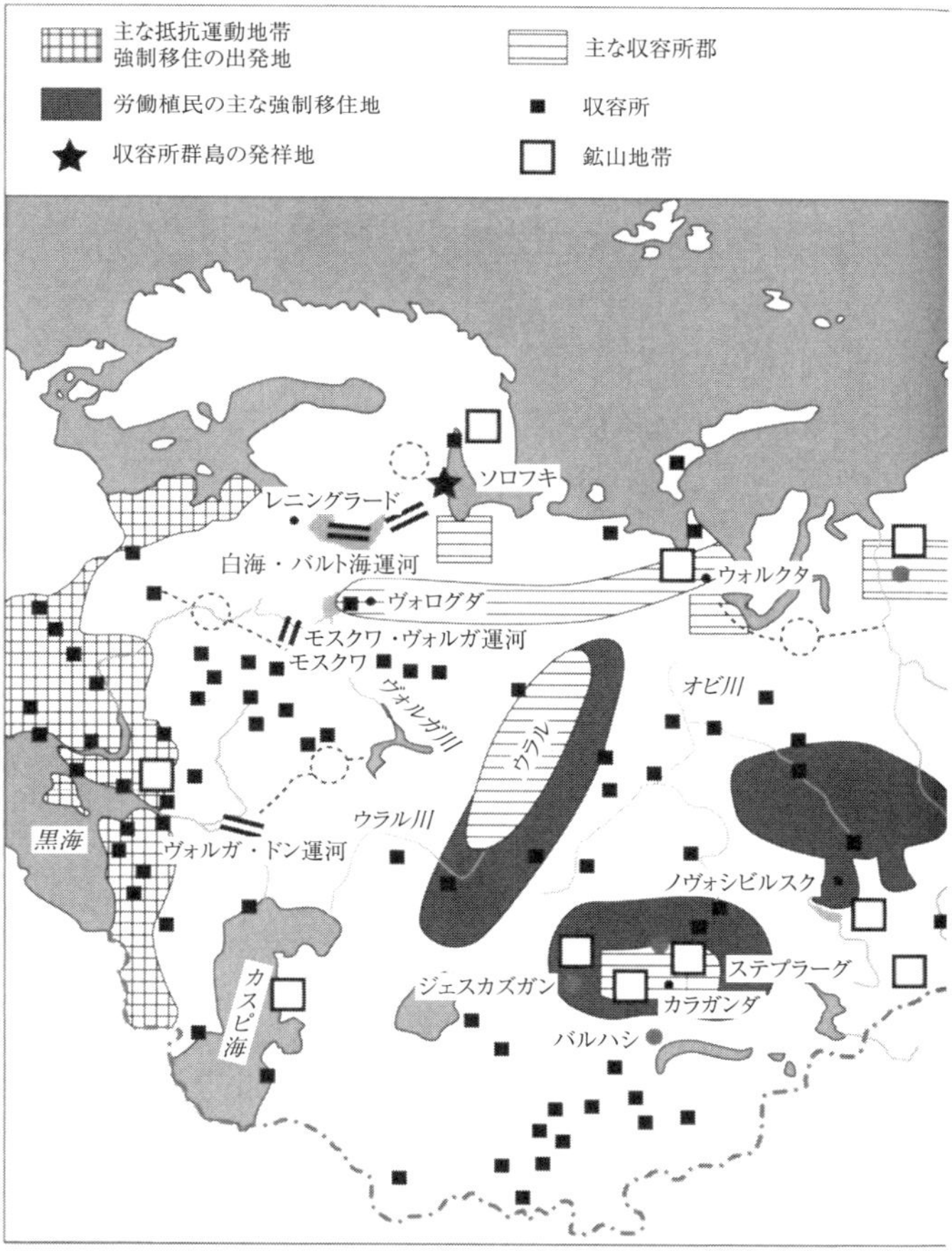

図2 矯正収容所の所在地(1940年代後半)

では重労働だったが、よく働いて突撃作業班員《ウダルニク》となり、刑期を短縮されて三四年六月に釈放された。モスクワに戻って日本大使館に保護を求め、帰国することができた。

記述は長くはないが、収容所での労働のほか囚人列車や中継監獄の様子も描かれている。この体験から、共産主義の理想はともかく、現実のソ連国家の圧政と自由剝奪に強い憤りを抱いたのは当然である。片山の秘書をしたことから、大庭柯公が片山とともにヴォルガ地方の飢饉を視察した後スパイ容疑で逮捕され、「あらゆる手をつくして放免の交渉はしたが、酷寒のシベリア監獄をあちこち引き回されているうちに病気になり、獄死したらしい」と聞いている(一九三頁)。また、一九三八年に日本に亡命してきた内務人民委員部国家保安総局極東本部長(極東ゲ・ペ・ウ長官)G・リュシコフ三等大将の相手役を、陸軍参謀本部の諜報部門で務めた記述も興味深い(二四九—二五三頁)。

補2　ラデックの布施論評

一九三四年三月三〇日『イズヴェスチヤ』紙にソ連政府の外交スポークスマン、K・ラデックが「布施氏との真剣な対話」と題する一文を寄せた。布施が日本外交協会の英文雑誌『今日の日本――極東問題論評』に寄せた論文「日本とソヴィエト・ロシア」を論評したものである(三三年一二月号掲載)。これが何故注目に値するのかというと、まずは四面しかない同紙の第二面の半分を費やす大きな扱いだった点、布施がソ連担当記者の大御所的な存在になっていたとはいえ、一新聞記者の論評をラデックが取り上げたことが異例だった点が挙げられる。

ここでラデックについて補足しておくと、一九二〇年代半ばにトロツキー反対派に属する党中央委員だったが、スターリンの左傾化、急進的工業化への転換で主流派に屈し、ユダヤ系で国際問題に通じていたところから、一九三二年五月に党中央委員会に付属する機関として新設された国際情報ビューローの責任者に抜擢された人物である。この機関は表に出ないものだったが、ラデックは文才もあって『イズヴェスチヤ』等で頻繁に国際情勢を論評していたし、布施とは二〇年代からの知己であった。

さて布施論文は、彼がモスクワ特派員を一九三二年秋から務め、帰国の途中で書いた記事を要約、わずかに加筆して英文にしたものである（『東京日日新聞』一九三三年一一月一三—一五日）。趣旨は、日ソ関係は満洲事変にもかかわらず一九三二年秋には最良だったのに、三三年一〇月に売却交渉中の「中東鉄道の経営を妨害する日本の陰謀」を証明すると称する文書がソ連当局によって公表されたことにより最悪になったと指摘したものである。日ソ関係悪化の補足説明としては、ソ連が第一次五カ年計画を成功させ、国力を増強し、ナショナリズムを強めて侵略的な政策に転ずる恐れがあること、ラデックが『イズヴェスチヤ』三三年一二月一六日論文で、日本の脅威に対してソ連は好戦国とも協力することがあり得ると書いていること、とくに軍部指導者ヴォロシーロフ（陸海軍人民委員）が中東鉄道売却に反対する旨を最近の人民委員会議（閣議）で述べたこと、わが国では米ソ和解（三三年一一月の国交樹立）が日本に向けられたものだという観測が広まっていること、を挙げている。

ラデックは、名指しの批判を受けて反論を書いたわけだが、興味深いことにいくつかの「勇み足」をしている。一つは、日本では当時「怪文書事件」と報道され、右布施論文も曖昧に表現したにもかかわらず、ソ連側は「菱刈大将文書」(関東軍総司令官兼満洲国駐在日本大使の文書)を公表したと述べている(この件の詳細は富田『戦間期の日ソ関係』九七—九八頁)。もう一つは、「同志」ヴォロシーロフを中東鉄道売却に反対していると証拠もなく、かつ荒木大将と同列に置いて論じているのは怪しからんと述べている(当時ソ連では荒木は「軍部ファシストの頭目」と見なされていた)。

布施論文は実に慎重に書かれており(英訳されており)、ソ連には軍備拡張による対日関係先鋭化の道を歩んでほしくない、そのためには両国間の経済関係を改善しなければならないのに、中東鉄道売却(日本及び満洲国にとっては購入)交渉が頓挫しているのは嘆かわしいと、いわば哀願するトーンさえ感じられる。むろん、布施も寄稿先が外務省の準公式見解を伝える雑誌であることを承知で、ふだんの特派員報告よりはソ連にやや辛く、先方が触れてほしくない「ウクライナの飢饉」にも言及している。レーニンとの一九二〇年六月のインタヴューを持ち出して平和政策が守られているのかという問いかけは、ラデックにしてみれば、レーニン側近だった「私に説教するのか」という気持ちになって当然であろう。

こうして見ると、ラデックの布施論評は日ソ関係の現状を鋭く反映したものに留まらず、お互い手の内を知ったジャーナリスト同士の議論として興味深い。これが例外的であり、やがて才覚あふれる国際通のラデックはスターリンの見せ物裁判の生け贄にされてしまったこと(一九三七年一月の「並行本部」裁判)が惜しまれる。

第5章

前芝確三と畑中政春

第2次大戦期の報道

スターリングラード攻防戦

	ロシア・ソ連	世界と日本
1938. 9	9. 29-30 英仏独伊のミュンヘン会談	
	『全連邦共産党(ボ)歴史 小教程』	
1939. 3	2-13 第 18 回党大会：大テロル終了，第 3 次五カ年計画承認	
4	17 英仏に同盟を提案	
5		11-9. 16 ノモンハン事件
8	23 独ソ不可侵条約及び秘密協定調印	
9	1 ドイツ，ポーランド侵攻＝第二次大戦開始	
	17 ソ連，ポーランド東部占領	
11	30-40. 3. 12 ソ・フィン戦争	
1940. 6		22 フランス降伏
8	3-6 バルト三国，ソ連に加入	
1941. 4	13 日ソ中立条約調印	
6	22 ドイツ及び同盟国軍，ソ連侵攻	
9	8 ドイツ軍，レニングラード包囲開始	30 モスクワ攻撃開始
12	5 ソ連軍，モスクワで反攻開始	8 日米開戦
1942. 7	17 ドイツ軍，スターリングラード攻撃開始	
9	13 スターリングラードで市街戦	
11	19 ソ連軍，スターリングラードで反攻開始	
1943. 2	2 スターリングラードのドイツ軍降伏	
5	15 コミンテルン解散決定	
7	5-8. 23 クルスク戦車戦	10 連合軍，シチリア上陸
11	6 ソ連軍，キエフ解放	27-12. 1 テヘラン会談
1944. 1	4 レニングラード包囲打破	
6	6 連合軍，ノルマンディー上陸	
8	1-10. 2 ポーランド国内軍，ワルシャワ蜂起	
11	6 スターリン，日本敵視演説	
1945. 2	4-11 ヤルタ会談：ドイツ分割占領，ソ連対日参戦の密約	
4	5 ソ連，日ソ中立条約破棄通告	
5	9 ドイツ無条件降伏	

1　戦争とソ連国家・社会

1　戦時体制への移行

(1) 孤立の中の外交

ソ連における大テロルの頂点一九三七―三八年は、ソ連が反ファシズムの集団安全保障外交(リトヴィノフ外交)から後退する二年間でもあった。

一九三六年八月に始まったスペイン内戦に対するソ連の支援は、戦局がフランコ側に有利になりかけた三七年半ばから後退し始める。ドイツに対する安全保障上重要だった仏ソ相互援助条約が、大テロル、とくに六月のトゥハチェフスキー裁判を見ていたフランスにとって頼りにならないものと映じたのは当然である。ソ連のスペイン人民戦線政府に対する軍事援助が減少したのは、三七年八月締結の中ソ不可侵条約(相互援助条約に等しい)に基づいて中国に大規模な武器援助を開始したことにもよる。ソ連は西方のドイツと並んで、極東の日本の脅威にも対応しなければならなかったからである。それでもスペイン支援を続けたのは、ドイツの関心をスペインに釘付けにして、矛先がソ連に向かわないようにするというスターリンの戦略的判断が働いたからだと言われる。

一九三八年九月のミュンヘン会談は、英仏がヒトラーの恫喝に屈してチェコスロヴァキアのズデーテン地方をドイツに割譲した宥和政策の出来事として知られる。英仏独伊がソ連を外してチェコの運命を決定したことにより、その宥和の狙いがドイツの矛先を自分たちに向けるものだとソ連が疑ったのは当然であろう。果たせるかな、ドイツはボヘミア、モラヴィアを獲得し、チェコスロヴァキア国家を解体し(三九年三月)、ついでポーランドに「ポーランド回廊」(ドイツと東プロイセン間のポーランド領)割譲を迫ってきた。

こうした情勢下でソ連が一方で英仏と、他方でドイツと条約交渉を開始したのは無理もない(ドイツも両面交渉をしていた)。外務人民委員は、自らもユダヤ人であり、ユダヤ系イギリス人を妻とするリトヴィノフからV・モロトフに交代させられた(一九三九年五月)。一年後にモロトフは人民委員会議議長(首相)ポストをスターリンに譲ったが、これで共産党書記長スターリンは政府をも代表できることになった。

独ソ不可侵条約は一九三九年八月二三日、ドイツ外相J・リッベントロプがモスクワを訪問して締結された。その秘密協定がポーランド分割と沿バルト、ベッサラビアにおける両国の勢力圏を定めるものだったことはよく知られている。九月一日ドイツのポーランド侵攻、英仏の対独宣戦で欧州大戦(第二次世界大戦)が開始された。ソ連は、日本とのノモンハン事件(戦争)の停戦協定の翌一七日にポーランド東部に侵攻した。独ソとも二正面戦争を恐れていたのである。

(2) 諸民族の強制移住

ソ連は、ポーランド東部(西ウクライナ、西ベロルシア)から住民をソ連極北、シベリアへ強制移住させた。また、ポーランドのエリートとも言うべき軍将校捕虜約一万五〇〇〇人をスモレンスク郊外で殺害した(一九四〇年三―四月「カチンの森」事件)。三九年九月二八日の独ソ追加条約によって、ソ連は秘密協定の勢力圏にリトアニアを加え、バルト三国を支配することになった。バルト三国は一九四〇年八月初旬、進駐したソ連軍の圧力のもと「国民投票」によって強引にソ連に加盟させられ、ここでも住民の強制移住が行われた。

ちなみに、ドイツによる迫害を逃れる（近づくソ連による併合にも怯える）リトアニアのユダヤ人がカウナスの日本領事館に押し寄せ、杉原千畝《ちうね》領事代理が本省の命令に反してヴィザを発行した話（一九四〇年七月末）はよく知られている。彼らのソ連領通過が、交通費＋アルファを外貨収入としたいソ連当局によって許可されたことを示す七月二五日の共産党政治局決定が最近発見された（この動機は記されていない）。

西方の安全保障に神経をとがらせるソ連がカレリア地方の一部割譲を要求してフィンランドに侵攻し、大苦戦のすえ講和条約を結んで領土を拡大したのは、一九四〇年三月のことである（冬戦争）。ソ連は国際連盟を除名され、まもなくフィンランドはドイツ側に立ってソ連と戦うことになる。軍事的にはノモンハン戦争で勝ったはずのソ連軍が、大テロルの痛手から回復しきっておらず、多くの欠陥をもつことを示した。

なお、併合地域からの住民の強制移住に先立って、国内では国境隣接地域からの強制移住がすでに行われていた。その最初が、一九三六年一月の決定に基づくウクライナ国境地域からのポーランド人、ドイツ人のカザフスタンへの強制移住だった。三七年八―一〇月には、極東地方の朝鮮人合計約一七万人が「日本スパイの潜入を防ぐ」名目で中央アジア（カザフスタンとウズベキスタン）に強制移住された、等々である。

(3)動員体制と愛国主義

大テロルは、一九三八年一月党中央委員会総会でスターリンによってブレーキがかけられ、三九年三月の第一八回大会時には終了していた。

第三次五カ年計画(一九三八―四二年)は、近づく戦争に備えて重工業を優先し、とくに軍需生産に傾斜したものになった。重工業人民委員部から国防工業人民委員部が独立し(三六年一月)、それはさらに航空機、造船、弾薬、兵器の四人民委員部に細分された(三九年一月)。軍需生産のウエイトは機密事項ゆえに知り得ないが、国家予算に占める軍事支出の割合が(人件費が大きい)、一九三八―四〇年に二六・四%に及んだ(第二次五カ年計画期は一二・七%)。しかし、第三次五カ年計画の履行は、多数の省庁・企業幹部を大テロルで失った後だけに、また防衛・技術協力の減少のもとでは、容易ではなかった。

この頃グラーグ(矯正労働収容所管理総局)管轄の「ラーゲリ経済」は隆盛をきわめつつあった。すでに白海・バルト海運河の建設以来巨大建設プロジェクトは、グラーグの囚人労働によって実現されてきた。エジョフの後を襲った内務人民委員L・ベリヤは、他の人民委員部を押しのけてまでグラーグの事業拡大をはかった。内務人民委員部向けの投資は急増し(一九四〇年に建設投資の一三%)、囚人数も、期限前釈放の廃止やポーランド東部及びバルト諸国等併合で増加した(四一年一月収容者約二〇〇万人、拘束の弱い「特別移住者」=強制移住農民九三万人)。

戦時体制への移行にとって大きなネックは、労働者、コルホーズ員の労働規律の弱さであった。

欠勤、遅刻、勝手な職場離脱、仕事における手抜き、頻繁な転職である。スタハーノフ運動も、一部の労働者がノルマを超過達成する一方、ノルマ引き上げに対する他の労働者の抵抗を呼んだ。しかし、党・国家指導部としては、この状態を放置することはできず、一九三九年一月から労働手帳を導入し、規律違反や転職を規制しようとした。四〇年六月には、労働時間を七時間から八時間に延長するとともに、職場離脱を刑事罰によって禁止する法令、七月には不良品生産を妨害活動とみなす法令を公布した。コルホーズ員については、個人菜園及び家畜の世話に労力を集中し、集団労働で手抜きをすることを阻止するため、菜園用付属地のアルテリ定款の規定を上回る面積を切り取り、集団労働に義務的最低作業日を導入する法令を公布した（一九三九年五月）。

イデオロギー・思想教育では二つの点が注目される。一つは、一九三八年九月に刊行された『全連邦共産党（ボリシェヴィキ）歴史　小教程』である。それは共産党の歴史をレーニンとスターリンの指導の功績に還元し、トロツキー、ジノヴィエフ、ブハーリンらは共産党に敵対した「人民の敵」としてのみ描く歪曲された教科書である。同時に、社会主義建設が進めば進むほど、旧搾取階級の抵抗が増すといった認識に基づく「国家の最大限の強化」論を正当化した聖典でもある。大テロルによって抹殺された幹部に代わって党と国家の指導的ポストに進出した新世代に確信を与えようとするものだった。

他方、一般国民に対しては「ソヴィエト愛国主義」が鼓吹され、プーシキン没後一〇〇年（一九三七年）を契機に、新聞記事はしだいにロシア民族主義の色彩を強めるようになった。諸民族共和国では民族語とロシア語のバイリンガルが行政上・教育上の原則だったが、社会的上昇を望む人々はロシア語修得に熱心になりがちであった。しかし、ロシアの歴代皇帝やナポレオン戦争などの見直しは、従来の階級闘争的歴史観との整合性の慎重な検討を要するものだったため、宣伝や学校教科書に反映されるのは独ソ戦争の直前になった。

2 「大祖国戦争」の経過

一九四一年六月二二日ドイツは、かねてより準備してきた「バルバロッサ作戦」を発動し、大軍をもってソ連に侵攻した。ここでは、開戦時のスターリンの判断の誤りや戦争の細かな経過は割愛し、以下の三項目を立てて一九四五年五月九日(ベルリン時間八日、モスクワ時間九日)ドイツ降伏までの概要を叙述するに留める(年表及び地図を参照のこと)。

(1) 独ソ戦の分岐点

周知のように、ドイツ国防軍と同盟国軍は圧倒的な航空・装甲部隊と兵員(三六〇万)にものを言わせて、九月にはレニングラード包囲とモスクワ攻撃にかかり、四二年九月にはスターリングラード市街に到達した。言うまでもなく「革命の首都」と「現在の首都」を落とせば戦争に勝利できるし、ソ連最高指導者の名を冠した重工業都市を落とせば敵の戦意を挫けるというのが、ヒトラーの狙いであった。首都は、東部のクイブィシェフ(旧サマーラ)に移転を余儀なくされた。ドイツ軍に占領された広大な地域は、ソ連有数の工業地帯と穀作地帯であり、その喪失はソ連の継戦能力にとって大きな打撃となった。

しかし、モスクワ攻撃は三カ月で、真冬の到来とともに撤退を余儀なくされた。ドイツが対英戦の行詰りを「禁じ手」の二正面作戦で打開しようとしたこと、ナポレオンの轍を踏んで「冬将軍」に遭ったことが躓きの始まりだったというのが通説である。あるいはモスクワ攻撃の失敗が「敗北の始まり」だったという見方もある。ソ連の軍事力を過小評価し、四一年末までにモスクワを陥落させて降伏に追い込めるという誤算をしたというわけである。

ドイツ軍のモスクワ前面からの後退は、革命記念日のスターリン演説(後述)に鼓舞された兵士と市民(国民義勇隊)の奮闘、ドイツ軍後方でのパルチザン活動(最も有名なのは、一一月末に捕えられて絞首刑にされた二二歳の女性ゾーヤ・コスモデミンスカヤ)によるところが大きい。ソ連軍最新の戦車T34、カチューシャの愛称で知られる連装ロケット迫撃砲も勝利に貢献した。アメリカの武器貸与法に基づく航空機、戦車等の供給(後述)も間に合った。在日諜報機関員R・ゾルゲが九月五日御前会議における日本軍南進(北進＝ソ連攻撃をしない)決定をモスクワに打電したことによって、極東からモスクワ前面に補強された一七個師団も勝利に貢献した。

スターリングラード攻防戦は、一九四二年七月一七日から四三年二月二日まで、第六軍を中心とするドイツ軍と第六二軍を中心とするソ連軍、両軍合わせて一〇〇万を超える大軍が死闘を繰り広げたものである。ヒトラー命令でドイツの南方軍集団が兵力をバクー(石油産地)にも振り向けたことは、攻防戦の敗因の一つになるが、とりあえずドイツ軍は九月中旬にはスターリングラード市街に到達した。スターリンが命令第二二七号を出して「一歩も退くな」(臆病者は銃殺)と叱咤したものの、ソ連軍は後退を続けた。市街戦は瓦礫と化した建物の一つ一つを奪い合う激しい白兵戦となっ

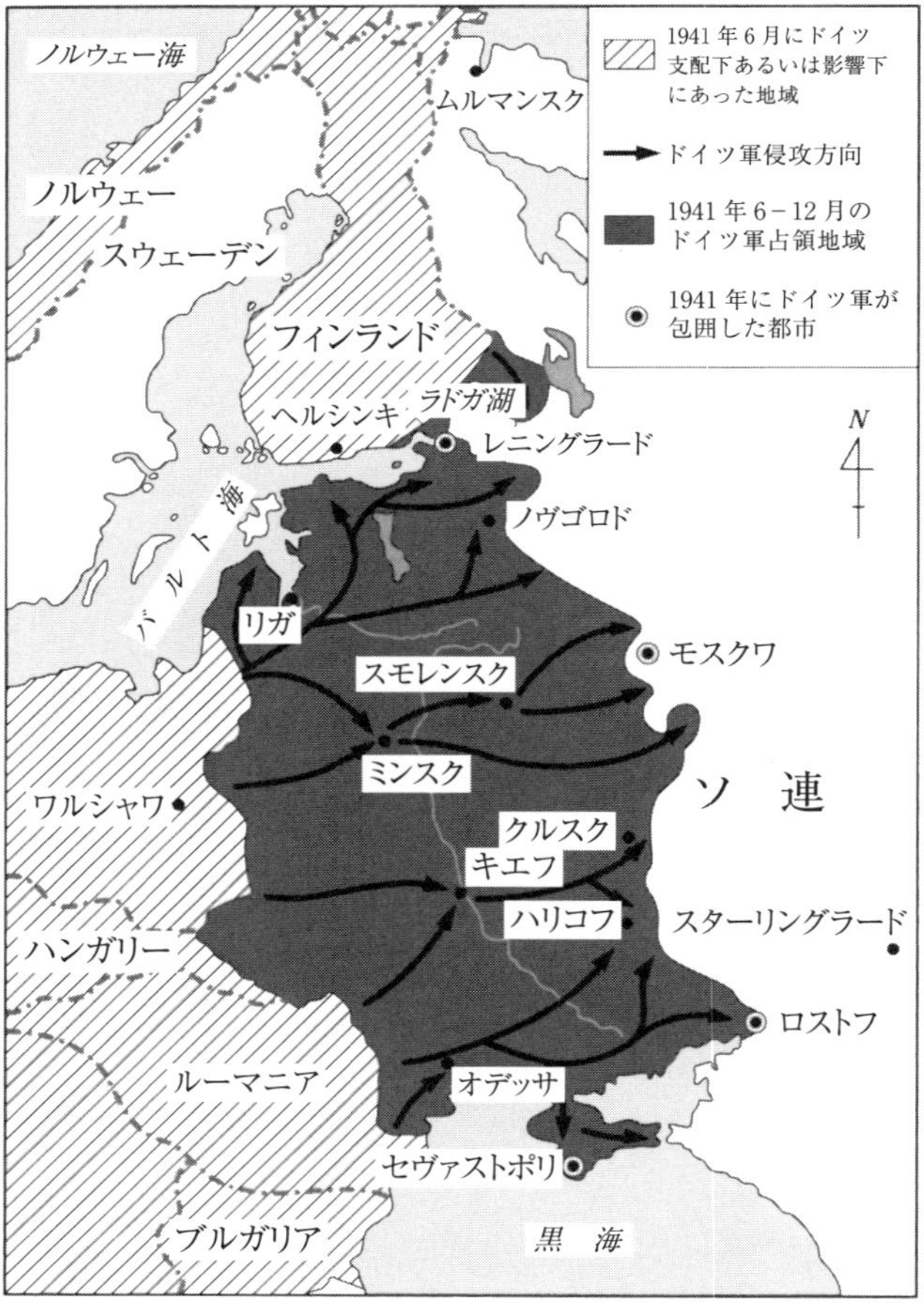

図1　ドイツ軍のソ連侵攻図（文献〈独ソ戦争〉(21)富田著，29頁）

た。狙撃兵ワシーリー・ザイツェフの活躍は有名である。第六二軍司令官のチュイコフは従軍記者のV・グロスマンに「歩兵がドイツの巨大な機械化兵力に勝った」と語ったが、ヴォルガ対岸からの重砲の援護射撃、武器弾薬、食糧、兵員を搬入した渡河作業も見逃せない。

一〇月に入るともはや冬であり、ドイツ軍の攻撃は弱まり、一一月半ば過ぎにはソ連軍がドイツ第六軍（三〇万弱）の逆包囲にかかった。これを救出しようとするドイツ軍の前進は阻止された。捕虜になったドイツ軍上級中尉に対する尋問によれば、「クリスマスまでには状況が絶望的だと分かった」。同じく初年兵の日記の一二月一八日には、飢えと寒さが極限に達し（パンは一日一〇〇グラム以下）、「奇跡を願う他ない」と書かれていた。一九四三年二月二日パウルス元帥は、ヒトラーの命令に反して九万一〇〇〇人を率いて投降した（捕虜の三分の一は衰弱していて、収容初期に死亡）。攻防戦全体でソ連軍は二五〇万人を失ったが、ドイツ軍も一五〇万人を失い、戦線を四二年六月に到達した線まで押し戻された。独ソ戦争の決定的転換点だったのである。

レニングラードは、一九四一年九月から四四年一月までの約九〇〇日間の封鎖を耐えぬいた。ソ連軍将兵の戦死は一〇〇万を超え、市民は控えめに見ても六七万人が飢えと寒さで死亡した（カニバリズム＝人肉食さえ見られた）。この封鎖の中で一九四二年三月五日、D・ショスタコーヴィチの交響曲第七番「レニングラード」が初演された。楽団員は前線から呼び戻され、僅かだが特別食を供されたという。詩人O・ベルゴリツによれば、指揮者K・イリヤスベルクは燕尾服を着ていたが、極度に痩せたため、まるでコートを被せたハンガーのようだったという。この春から事態は好転し、最悪の飢餓は終わったのである。

全体として、ドイツ軍の破竹の進撃に補給が追いつかなかったこと、占領地に対する破壊と殺戮、収奪によって住民をパルチザン戦争に立たせてしまったこともドイツ側の敗因となった。侵攻直前の「コミッサール命令」は、ナチの不倶戴天の敵ボリシェヴィキ、とくに赤軍政治委員を皆殺しにせよというもので、侵攻後文字通り実行された。ナチ親衛隊の特別部隊によるユダヤ人殺害は、ウクライナ・キエフ郊外のバービー・ヤールで三万三七七一人が殺害されたのを始め、ソ連地域で約一〇〇万人に及んだ。

パルチザン戦争は森林の多いソ連では効果的で、それはモスクワを攻撃するドイツ軍の後方で示された。また一九四四年夏の(連合軍のノルマンディー上陸作戦と連携した)バグラチオン作戦では、ベロルシアのパルチザン(一四万)がソ連正規軍(二四〇万)を支援し、ドイツ中央軍集団(一二〇万)に壊滅的打撃を与え、ポーランド進攻の道を開いた。

ソ連軍がポーランド、そしてドイツ本国に進攻するや、「解放軍」は侵略者の相貌も示すようになった。将兵はドイツ人の住居や家具を見て「こんなに豊かなのに、わが国土を略奪、破壊したのか」という憤りと、親兄弟姉妹を殺された復讐心から、略奪と暴行の限りを尽した。従軍作家のI・エレンブルグは「報復の機は熟した！　報復は正義であり、神聖でさえある」と赤軍機関紙で将兵を煽動すらしたのである。他方、同じ従軍作家のグロスマンは、略奪と暴行に心を痛め、ベルリン軍政長官N・ベルザーリンが住宅、食糧につき尽力し、市民から敬愛されたと記している(グロスマンは、ソ連軍に解放されたトレブリンカ絶滅収容所の惨状もユダヤ人として深い同情をもって書いている)。

(2) 連合国と武器貸与

ドイツ軍による欧州部の占領は工業生産を半減させたが、ウラル山脈以東への工場の疎開も行われ、一五〇〇以上の工場が移転した。ウラル・シベリア地方にはすでに第一次五カ年計画期からマグニトゴルスクやノヴォクズネツクで石炭・鉄鋼コンビナートが稼働しており、疎開した機械設備が既存の企業に組み込まれた。新規の工場は一九四二年春には稼働し始めた。

ソ連国産品の不足を補ったのが、アメリカの武器貸与法(一九四一年三月、ドイツと単独で戦争中のイギリス向け貸与に始まる)に基づく供給だった。その戦時中の総量と割合の正確な統計は未入手だが、国民純生産の二〇%に達した(一九四四年)という。航空機は国産一三万七〇〇〇機に対して貸与は一万八七〇〇〇機、戦車は各一〇万二五〇〇輌、

表1 独ソの戦力比較

	ソ連軍*(うち中西部, バルト)	枢軸軍(うち中央軍集団)
兵員総数	2,780,000(715,680)	4,733,990(1,683,930)
師団数	174(48.5)	164(51.5)
大砲, 迫撃砲	43,872(10,865)	41,293(14,544)
戦車, 装甲車	10,394(2,430)	3,899(2,063)
航空機	9,576(1,909)	4,841(1,677)

*陸軍, 防空軍, 国境警備軍
(文献〈独ソ戦争〉(3)Shefov 他より富田作成)

表2 ドイツおよび同盟軍とソ連軍の捕虜(年別推移)

	独・同盟国軍	ソ連軍*	ソ連軍
1941	9,147	2,335,482	約 2,000,000
1942	46,067	1,515,221	1,339,000
1943	181,148	367,806	487,000
1944	704,853	167,563	203,000
1945	2,179,749	68,637	40,600
計	3,120,964	4,454,709	約 4,069,600

独・同盟国軍の死者は 462,475. 2種の集計のうちソ連軍*は行方不明者を含む
(文献〈独ソ戦争〉(21)富田著, 30頁)

一万八〇〇輌であった。しかも、ソ連軍の弱点を補ったものとして、トラック四〇万台以上、航空機用ガソリン、食糧があった。のちにソ連に抑留された日本人捕虜は、スチュード・ベーカー社のジープ、コンビーフの缶詰(空き缶)を見て、アメリカの国力を思い知ることになる。

資料集『ソ米関係　一九三九―一九四五』には、貿易人民委員A・ミコヤンがスターリン人民委員会議議長及びモロトフ外務人民委員にあてた報告(一九四二年一月)が含まれている。それによれば、四一年一〇―一二月だけでアメリカが供給した航空機は、三九五機(戦闘機三〇〇、爆撃機六五、偵察機三〇)だった。戦車は六七三輌、自動車九二三八台、工作機械二七三〇台、ジュラルミン一二一八トン、石油製品(七月から)二〇万六〇一トンなどである。モスクワ防衛に大いに役立ったに相違ない。

この資料集は、従来知られていなかったアメリカ民間団体による支援内容が記された一九四四年一月の文書を含んでいる。一九四一年秋に結成されたロシア軍事援助委員会は、全米四一三市に五〇〇の支部をもち、四三年には一二〇〇万ドル相当の物資をソ連に送った。その七〇%は、破壊されたコルホーズへのキニーネ等の医薬品と、赤軍兵士向けのタバコ等の詰め合わせである。このほか、ソ連やロシア軍事援助委員会を報じたアメリカ紙なども送付している。この委員会はおそらく、VOKSと連携するアメリカ国内団体(親ソ的団体)の一つと見られ、活動には反共的なカトリック教会が反対していたが、大きな支障はなかったという。

なお、このような援助を米英から受けているソ連としては、世界革命本部としてのコミンテルンを存続させるわけにはいかず、一九四三年五月に解散された。その機能は全連邦共産党中央委員会国際部に吸収され、対外的にはプロパガンダ機関として各国語での反ファシスト放送局が順次開設された。ちなみに、国歌はこれに応じて一九四四年初頭に「インターナショナル」からナショナリスティックな歌詞とメロディーに変更された。

(3) 戦後処理をめぐって

米英ソ首脳はテヘラン、ヤルタ、ポツダムと首脳会談を行い、外相会談も頻繁に行ってきた。一九四三年一一月末—一二月初頭のテヘラン会談では、欧州大陸における(独ソ戦線に次ぐ)第二戦線をどこに開くかで、W・チャーチルとスターリンが対立したが、スターリンの強い要求を容れて北フランスに開くことが決まった。四四年八月の国内軍(ロンドン亡命中のポーランド政府の軍事力)によるワルシャワ蜂起に際しては、ソ連軍が進撃を止め、国内軍を見殺しにしたため、英ソ関係は険悪になった。

四五年二月のヤルタ会談では、敗北必至のドイツの四国(米英仏ソ)分割占領が決定されたが、大半の時間はポーランド政府問題に費やされた。新生ポーランドの政府をロンドン亡命政府とソ連に後押しされたルブリン政府でどのように構成するか、である。ポーランドの西部国境がオーデル・ナイセ線に定められ、東部の独ソ不可侵条約に基づく占領地域はソ連領として確定された。ソ連がドイツ降伏後「二、三カ月以内に」日本に対して参戦することと、その条件＝南樺太の返還、千島の引渡し等が秘密に約定された。

ドイツの賠償問題は、大西洋憲章(一九四一年八月)が「無賠償無併合」を謳っている以上、公式の議題にはならなかったが、ソ連は早くから領土を獲得し、現物及び労役の賠償をとる用意だった。一九四三年九月に外務省に付属する形で、リトヴィノフとヴォロシーロフを長とする戦後処理を検討する委員会が設けられたが、両委員会ともドイツ人を労働力として利用する案を検討した。テヘラン会談では、ドイツ側に立ってソ連と戦争したフィンランドの賠償問題をめぐるつばぜり合いがあった。その直後アメリカのＡ・ハリマン大使は、ソ連が受けた損害の補償についてモロトフと話し合う用意があると述べていた(右資料集)。ヤルタ会談では、Ｆ・ルーズベルトがスターリンにどれほどの人数が必要なのかと尋ね、スターリンが答えをはぐらかす場面があった。

交戦諸国にはジュネーヴ条約に従い、捕虜を労働に使役することを認められていたが(賃金を支払う条件で)、ここでいう労役による賠償は、条約が想定する短期間ではなく、長期間捕虜及び民間人を抑留し、受けた損害を労働で償わせるものである。実際ソ連はドイツ降伏後、捕虜及び抑留者を即時送還せず、「人的賠償」として長期に抑留し、労働させた。しかも、ソ連は自己のドイツ占領地区から大量の工場設備及び機械をソ連に搬出し、「物的賠償」も獲得したのである。

3　戦争とソ連社会

(1)挙国一致体制

ドイツのソ連侵攻に狼狽したスターリンはしばらくモスクワ郊外クンツェヴォの別荘に引き籠もってしまい、モロトフがラジオ放送で演説した。スターリンがラジオを通じて国民に呼びかけたのは七月三日である。冒頭の呼びかけ、通例の「同志諸君、市民の皆さん」に加えた「兄弟姉妹たちよ」が国民の心に響いたという。この戦争が「わが祖国の自由を守る戦い」であり、「全ソヴィエト国民の戦争」であると同時に「独立と民主的自由のためのヨーロッパとアメリカ諸国民の戦いの一部」であると訴えた。一一月の革命記念日の演説では「赤の広場」に集結したモスクワ防衛部隊を前に、祖国ロシアを救った名将アレクサンドル・ネフスキー(一二四〇年スウェーデン軍を撃退)、ドミートリー・ドンスコイ(一三八〇年キプチャク汗国軍を撃退)らに言及した。

ドイツ軍がモスクワに迫り、一〇月一四日政府機関、各国外交団等がクイブィシェフに疎開することが決定された。人々が荷物を持って駅に押しかけ、モスクワ市内はパニックに陥った。パニックは一六日にピークに達し、一九日には戒厳令が出され、個人所有のラジオは当局に提出させられた。

スターリンは、挙国一致のためロシア正教会の協力を得た。正教会の宗教活動をある程度許す代わりに「祖国の勝利」を祈ってもらうということである。反宗教宣伝は中止され、『無神論者』誌は廃刊された。モスクワ大主教I・セルギーは、この祖国防衛戦争がモンゴル帝国のバトゥ、チュートン騎士団、スウェーデンのカール一二世、そしてナポレオンとの戦いの伝統を受け継いだものだと訴えた。同時に、独ソ開戦までにソ連領に組み込んだ人口約二〇〇〇万の西部地域にロシア正教を広げ、カトリックやユニエイト(ロシア正教とカトリックの融合宗派)の勢力と民族運動を弱める狙いもあった。

スターリンはさらに、一九四三年初め頃から、連合国、とくに米英の歓心を買う動きを示すようになった。四月のドイツによる「カチンの森」事件暴露に米英は呼応せず、五月にコミンテルンが解散され、第三回汎スラヴ会議が開かれた。会議では、反ナチ戦争がサタンとの闘いであると位置づけられ、「キリスト教徒一人ひとりの神聖な義務」だとされた。また、駐英大使I・マイスキーがVOKSイギリス支部の支援を得て働きかけた結果、九月下旬に国教会の大主教らがモスクワを訪問、セルギーの総主教叙任式に列席した。こうしてイギリスの世論を味方につけ、加えてアメリカから「武器貸与法」による援助をさらに引き出そうとしたのである。

作家たちも、大テロルで迫害を受けたにもかかわらず、挙国一致を感じ取った。詩人A・アフマートヴァは「開戦後の一年半の間、われわれは以前よりはるかに自由な気分であった」と語った。B・パステルナークは、作中人物にこう言わせた。「戦争は、毒気を一掃する嵐のように思われたよ。新鮮な大気がさっと流れ込み、救済の息吹が感じられたね。…戦争は革命的世紀の鎖の特別な一環だね」と。

しかし、挙国一致体制に矛盾がなかったわけではない。資料集『ソ連の日常と大衆の意識　一九三九―一九四五』は、国民の要求と意見表明の形である指導者への手紙のほか、上級指導者同士の書簡のやり取りも収録している。後者のうち、イヴァノヴォ州における繊維工場のストライキと同州党委員会に出された手紙に関する文書が注目に値する。

繊維労働者は賃金の三〇―四〇%もの引き下げに、商店に馬鈴薯や野菜がないことに不満を抱き、一九四一年一〇月一九―二〇日、工場の東方疎開に伴う撤去を機にストライキに入った。これは、実に一九三二年秋以来のことだったが（そのこと自体が秘密）、市当局が何とか押さえ込んだ。その後に市党委員会などに寄せられた匿名の手紙には、パン配給基準が低く、市場では高いこと、ポケットに党員証をもった指導者に「ファシストに対するような憎しみ」を抱いていることなどが記されていた。

(2) 集権と分権

戦争勝利のための体制が急ピッチで整備された。共産党と政府の二元的指導は「国家防衛委員会」に一元化された(六月末)。スターリンは議長に就任し、さらに国防人民委員、最高総司令官を兼任した(七月一九日、八月八日)。緒戦の敗北のさい、一九四一年七月に赤軍にコミッサール制度が復活し、スターリンの命令でD・パヴロフら将官クラスが責任を取らされ、銃殺された。しかし、戦争の二元的指導体制は軍司令官や参謀の作戦立案・指揮の妨げになることから、四二年一〇月にはコミッサール制度が廃止された。三大都市が連絡を断たれたため、各都市はモスクワの最高総司令部の細かい介入を免れ、スターリンもG・ジューコフ、A・ワシレフスキーら将官たちの指揮に任せるようになった。

国家防衛委員会は、ベリヤが囚人及び捕虜の強制労働担当、ミコヤンが商業・貿易担当、新進気鋭のヴォズネセンスキーが計画担当と一〇人ほどの委員の間で責任を分担しつつ、全権代表をドイツ軍占領地域外の共和国・地方・州に派遣した。しかし、決定は迅速でも執行は従来の党・ソヴィエト機関に委ねざるを得ず、遅れや消極的抵抗が生じた。

戦時経済運営上の困難は、第一に民生部門の軍需部門への急速な転換であった。民生部門と軍需部門はGNP計算で、一九四〇年にそれぞれ六五六億、八一億ルーブリだったが、四四年に三八三億、三七七億ルーブリと肩を並べるに至った。四四年の航空機生産は三四〇〇〇機、戦闘車輌は一八〇〇〇輌に達した。

第二に、ドイツ軍攻勢期の工場の東部疎開とソ連軍反転攻勢期の西部への再配置であった。基幹企業の東部疎開は六―八週間でなされたといわれ、ハリコフ・トラクター工場は疎開先で戦車T-34を製造した。公的セクターにおける労働人口の割合で、西部は一九四〇年の一九・六%から四二年に五・六%まで落ち、四五年には一四・一%に回復した。

第三に、ドイツ軍による占領と新兵召集により労働人口が八五〇〇万から五三〇〇万に減少した中での適正な労働力配置である。新設の労働委員会が国防人民委員部や内務人民委員部(収容所を管轄)と競いながら軍需産業に優先的に労働力を振り向けたのである。

第四は労働規律で、国家防衛委員会は戦争直前にも増して厳しい欠勤・離職対策をとった。開戦直後に正規の休日は廃止され、さらに残業は三時間まで許容された。食糧事情の悪化の下では、食糧入手のための職場の一時離脱や欠勤さえも避けられなかった。労働者は闇の仕事や闇商売で賃金に上乗せし、食糧を確保したのである。ちなみに、賃金は一九四〇年から四四年にかけて五三%上昇したが、物価は同じ期間八四%も上昇した。欠勤の廉での刑事訴追は戦争中一〇〇万人にも達した。

第五に食糧供給だが、国家による中央集権的な調達は主要穀作地帯の喪失で大きく損なわれ、配給制がカバーしたのは食糧の六九%にすぎなかった。あとは工場付属の菜園、個人のダーチャの菜園、コルホーズ農民の住宅付属地における自前の(地元の)食糧に依存する他なかった。農民はもは

や パンを食することができず、馬鈴薯を主食としていたのである。病気の蔓延と飢餓の広がり、死亡率のピークは一九四二年であった（包囲されたレニングラードでは、四三年の出生率が〇だった）。

こうして戦時体制は従来の中央集権的な計画経済を、それを補完する闇経済ともども継承し、国家防衛委員会のイニシアチヴ、下からの動員のもとに機能したのである。

(3)国民と「非国民」

国民は、全力を挙げて前線で戦い、あるいは後方で働いた。将兵と民間人合せて二〇〇〇万とも二七〇〇万とも言われる人々が死んでいった。この時期ほど国民が団結し、助け合い、一体感を味わったことはない。しかし、その一方で国民扱いされない「非国民」もいた。

その第一は、「処罰された諸民族」。①ドイツ人居住地域（沿ヴォルガ・ドイツ人自治共和国など）から一九四一年八―一〇月にカザフスタン等へ予防的に強制移住させられたドイツ人約八六万人、②ドイツ軍占領地帯から一九四三―四四年に主として中央アジアへ懲罰的に強制移住させられたカラチャイ人五・三万、カルムィク人四・五万、チェチェン人三九万、イングーシ人九万、バルカル人三・七万、クリミア・タタール人一九万人などである。ユダヤ人は、ドイツに対抗する「ユダヤ人反ファシスト委員会」が設立されるなど優遇されていたようだが、バービー・ヤール事件の犠牲者が意図的に「ソ連人」とされたように、いわば「半国民」であった。

第二は、独ソ戦争の捕虜、被包囲者、対独協力者である。開戦後間もない八月一六日に出された命令第二七〇号はソ連軍将兵が捕虜になることを禁じ、捕虜の家族から国家の手当や補助金を削除するもので、「戦陣訓」が日本軍将兵に捕虜になることを禁じたのと同じである。捕虜、そしてドイツ軍に包囲されただけの将兵も通敵分子、敵の教育を受けた反ソ分子と見なされ、帰還者四二〇万人のうち一〇〇万近くが送還後に国境の点検収容所を経て矯正労働収容所に囚人として、あるいは日本人捕虜収容所ないし独立労働大隊に職員として送り込まれた。A・ウラーソフ中将をはじめとする対独協力者は「人民の敵」として銃殺されるか、重罰を受けた。

第三は、ドイツ軍占領地帯からドイツ本国に送り込まれた、ウクライナ人女性を中心とする「東方労働者《オスト・アルバイター》」である。一〇〇万に及ぶと言われる彼女たちも、送還後も捕虜に準じて冷遇された。

第四は、傷痍軍人である。戦争中から大量に生まれた彼らに国は松葉杖、義肢、車椅子を支給せず、受ける年金も僅かだった。戦後一〇年間の日本と同じく、彼らは街頭でハーモニカを吹くなどして通行する市民に金を恵んでもらう存在だった。市当局は「みっともない」と彼らを排除し、レニングラード州北方のラドガ湖上のヴァラーム島の施設に隔離された。

最後に、女性兵士である。彼女らは死亡した男性兵士に代わり、多くの外国で看護兵、通信兵のような任務に就けられたのとは異なって、第一線の戦場で狙撃兵や高射砲手、パイロットなどとして活躍した。S・アレクシエーヴィチがインタヴューしたように、敵兵を殺害することも厭わなかったものの、それに徹する辛さも味わった。男性の多い軍隊では「性的奉仕」を求められ、あるいは自らも「自由な性交渉」を経験したが、復員後に特別な眼で見られることも少なくなかった。ゾーヤ・コスモデミンスカヤのようなヒロインは例外的だったのである。

こうして独ソ戦争は「大祖国戦争勝利」の栄光の蔭に、経済的弱者、社会的差別、そして長く続くトラウマ(心的外傷)を残したと言わねばならない。

2　前芝の冷静な独ソ戦観察

『毎日新聞』の前芝確三(一九〇二―一九六九)は、一九四〇年四月に入ソし、独ソ開戦に立ち会い、政府・外交団のクイブィシェフ疎開のさい行動を共にした上で、一二月に満洲里に引き揚げた。一年八カ月の短い滞ソである。しかし、彼の『蘇聯記―独蘇開戦前後』(一九四二年)は、ポーランド分割と併合、沿バルト併合の観察を含んでいる貴重な記録だと言えよう。

1　ポーランド分割と大戦

(1)ポーランドの無惨な解体

前芝は、モスクワ赴任前にワルシャワに一九三九年八月二〇日に到着し、独ソ不可侵条約のニュースに接した。周知のように、時の平沼騏一郎《きいちろう》首相は「欧州情勢は奇々怪々」のセリフとともに政権を放り出したが、前芝は一二月の小論で「日本における外交の貧困、冷徹な情勢分析能力の欠除を裏書する以外の何ものでもない」と論評した(三九八―四〇〇頁)。

前芝はその論評に続き、ポーランドの若い一経済学者との会話を紹介し、彼がポーランドの豊かさ、工業力を自慢し、ドイツと戦って勝てると言い張るのにあきれ果て、「一応その愛国的熱情を好意的に受入れようとした私も、ついには、その余りにもひどい独りよがりが不愉快になって来た」という。ポーランドは列国の力のバランスに乗り、英仏米の支持によって漸く国家としての形態を整えて来た「本来他力本願的な性質」をもっているのに、この事実を忘れて「大国を気取り、日本などに対してすらかなり傲岸不遜な態度を取るに至った。ここに現代波蘭の悲劇の発端がある」と決めつける。

ポーランド政府は、ドイツによる自由都市ダンツィッヒ独立(ドイツ化)要求には、さすがに八月三〇日総動員令をもって対抗した。しかし前芝は、ワルシャワ市内で応召する男たちの軽薄な姿、市民の勤労奉仕による防空壕掘りのお粗末さを目の当たりにする。こうして九月一日ドイツ軍侵攻の日を迎えた。ポーランド軍は各地で敗走し、「戦前の芝居がかった大見得はまるでよそ事のように、ひたすら他国の力の発動を待望するのみ」となった。日本が独ソ不可侵条約に不快感を示したという情報が伝わるや「波蘭は日本と同盟を結ぶべきだ」と言い始めた。

九月三日に英仏参戦が決まると、ワルシャワは「すでに戦争に勝ったかの如きお祭さわぎ」だったという。四日夕にはドイツ空軍のワルシャワ空襲が始まった。その損害もさることながら、ポーランドの制空権がドイツに握られている事実を如実に見せつけ、精神的打撃は大きかった。五日にはポーランド政府は、外交団に「ワルシャワ放棄」を伝達し、酒匂《さこう》大使らはワルシャワを去った。六日は未明から空襲で、前芝は大使館員らとともにワルシャワを去った。

前芝は政府要人、外交団の後を追うように、ワルシャワの東南約一七〇キロのナレンチェヴォ、ついでその東方三五〇キロのソ連国境に近いクシェミエニェツへと向かった。途中の町々が空襲を受けていた。クシェミエニェツでも、ポーランド政府要人(ベック外相を含む)の言動に呆れた。一〇日に同政府がコミュニケを配布し「世界の最強国がわれ等の味方である以上、最後の勝利は必ずわが方にあり」と述べていた。他方、ソ連は西部七軍管区に動員をかけたという情報が流れ「ソ波国境に何となく無気味な空気が漂い始めた」。

一二、一三日と空襲があり、ポーランド政府は三度目の移転を余儀なくされた。前芝は、移転先のザレンシチキからルーマニア側に入った。ブカレストでは、一七日ソ連軍のポーランド侵攻を聞いた。大統領や軍総司令官らは、戦っている軍隊を見捨ててルーマニア側に逃れて来た。ポーランドのモシチツキ政権はまさしく「偽政府」であり、かかる無責任な政権の存在そのものが「世界人類に対する大きな罪悪」とまで評したのである(三九五—四三二頁)。

このあとソ連が東ポーランドで行った土地改革が紹介されているが、ウラジミルスキという農業指導員と地方農民との談話を紹介する形であり、史料が限定されているので割愛する。

(2)バルト三国の併合へ

一九四〇年六月一四日、パリ陥落の日モスクワでは外務人民委員モロトフがリトアニア外相ウルブシスに最後通牒を突きつけた。五月に起きた駐屯ソ連軍兵士の誘拐・殺傷事件、バルト三国の軍事同盟締結、同盟機関紙の発刊などが、一九三九年秋締結の相互援助条約に違反するというのである。突きつけた要求は、①内相、警視総監をソ連駐屯軍に対する徴発行動の廉で裁判にかけること、②ソ連との相互援助条約を忠実に履行し得る新政府の樹立、③ソ連軍駐屯地の拡大である。リトアニア政府はこれを呑み、スメトナ大統領や閣僚は国外逃亡を企てたが、ドイツ軍に捕えられた。

一六日、ラトヴィア、エストニアに対しても②、③の要求が押しつけられた。三国とも親ソ的な政権が樹立された。リトアニアの首相兼大統領パレツキス、ラトヴィア首相兼外相のキルヘンシュタイン、エストニアの首相ヴァレスは三人とも「ソ連文化研究会委員」だと前芝は指摘し、ソ連による文化的浸透が先行したと言いたいようだが、これは「ソ連・○○文化協会」であろう。ソ連による他国への文化的浸透の司令塔ＶＯＫＳが各国に設立させた親ソ団体のことである。

三国の新政権が掲げた新政綱をリトアニアの例で見ると、①列国との正常な関係維持、とくに相互援助条約の相手国ソ連との友好親善、②人民のあらゆる権利の保障、文化・生活水準の向上、③反人民的政治団体の改組、議会解散、制限選挙制撤廃、④政治犯の即時釈放、⑤国内少数民族の差別待遇廃止、排外的愛国主義と民族的対立の根絶、⑥大衆の保健・教育施設の開設、⑦駐屯ソ連軍歓迎、最良の条件供与である。前芝に言わせれば、これは「外からの圧力によって強行せられたブルジョア民主主義革命」なのである(四〇—四八頁)。

2　モスクワの市民生活

前芝は満洲里からシベリア鉄道でモスクワ入りしたが、その途上での見聞を書き留めている。寝台車にチタから乗り込んで来た「その筋の」(秘密警察と思しき)男、車窓から見る農村と建設の光景、ソ連人誰もが勲章やメダルを付けていること、イルクーツク駅で見た囚人列車、スヴェルドロフスク駅で見た「この国の消費物資、軽工業製品の乏しさ」等である。

その感想はまっとうである。「わが国とは所詮《しょせん》相容れぬイデオロギーのもとにではあるが、一種の理想社会の建設をめざし、遮二無二《しゃにむに》、驀進《ばくしん》しつつあるソ連の逞《たくま》しい姿は、われわれとしても一応率直に受入れるべきではなかろうか。この過程に現れた矛盾のみを徒《いたずら》にクローズ・アップし、或は、まざまざと見せつけられた暗黒面を…誇張し、ただちに、こうしたゆき方に「赤色帝国主義」の烙印を押して、簡単に片づけ去る」のは、かえって日本人のソ連認識にとって有害となる恐れありという(七八―八七頁)。

モスクワでは、人が多いこと、服装は多少よくなってはきたものの、まだつましいこと、食品購入に「名物の行列」は見られるものの、国営百貨店では「旺盛な大衆の購買力」に驚かされること、などが観察される。この年(一九四〇年)詩人マヤコフスキー没後一〇年、楽聖チャイコフスキー生誕一〇〇年の行事があるが、「革命期の稚拙ながら脈々たる熱情を湛《たた》えたものから、月並みなプロレタリア・リアリズムの画一主義へと堕落して」いる。古典芸術が復活しているが、それは愛国心高揚のための「新らしいソ連的ナショナリズム」の成長である。加えて、日常生活では「官僚主義的な繁文縟礼《はんぶんじょくれい》が深く根を張っている」(何事も書類が必要)(八八―九八頁)。

前芝は、この社会における青年層に注目し、「革命的見識を、アメリカ的能率とともに体得している」という当局の宣伝の虚構を見抜いている。「スタハーノフのあげた輝かしい高能率も、実は生産性(向上)を阻害するあらゆる条件を前もって取り除き、万全の準備を整えた上、非凡な体力にまかせて作らしめた記録にすぎず、…予め仕組まれた芝居である」。一般の青年は「強制と処罰さえなければ、一日で片づく仕事にだらだらと三日も四日もの日数を費し、しかも仕事の段どりなど一向おかまいなく、出来るだけ怠けて出来るだけ多くの賃銀を貪ろうという態度である。「イワンの馬鹿」といわれた旧ロシア大衆の型は、依然として抜け切れず、むしろいささか狡猾になっているだけだとさえいえよう」。

だからこそ、コムソモール（青年共産同盟）の社会主義建設（例えば、極東の重工業都市コムソモリスク・ナ・アムーレ）への貢献が称揚され、また「労働と国防のための」スポーツが奨励されるというわけである（一〇六―一一三頁）。

前芝は一九四一年六月、文字通り「開戦直前の社会生活」を記している。冒頭いきなり日本人のロシア観を批判する。「大体、日本の多くのインテリの帝政時代のロシアに関する観念は十九世紀のロシア文豪たちの著作の翻訳を通じて形成せられたものである。しかも一時、熱病のように一部のインテリや学生を風靡したマルクス・レーニン主義はその精巧な図表のような理論と新興ソ連の宣伝的紹介を持ち込んだのみで、ロシア社会の現実については殆ど何物をも齎さなかったといってよい。そして十九世紀のロシア文豪たちが描いたロシアの都市や農村の生活にしても、それはすべて彼等の人道主義的な或はロマンチックな、あるいは社会主義的なまた虚無的な精神を以て表現している類型化されたロシア社会であり、ロシア人であって、決して現実のロシアそのものではなかったのである」（一四〇頁）。

前芝は、ソ連は旧社会の遺制（ソ連公認の歴史学でいう「四つのウクラード」＝封建制、小ブルジョア経済、資本主義、国家資本主義）を引きずっており、現状は「軍事的前社会主義社会」と呼ぶ他ないと言う。たしかに、教育の普及や保健医療施設の普及、貴族や富豪の邸宅、別荘、さらには劇場の大衆への開放は前進だが、現在の政治警察は帝政期の憲兵と、強制労働も流刑と何ら変わらない。「全面的な官僚主義の瀰漫《びまん》」、従業員の客に対するサーヴィスの「まるでなっていない」ことは、ゴーゴリの描いた世界である。しかし「現在ソ連社会の欠陥を何でもかでも現体制に固有のものと速断し、共産主義を呪うの余り、その将来まで徒に暗く塗りつぶして自ら快しとする態度は、かえって危険である」(一四二―一四九頁)。

この一年ソ連の消費生活は向上し、冬の娯楽であるオペラや芝居もさかんである。たしかに愛国主義宣伝に呼応してイワン・スサーニンが上演されもするが、大衆はトルストイ、チェホフ、ゴリキーものを喜んでいる。パスハ(四月の復活祭)も、寺院を訪れると「芋を洗うような大混雑」である。前芝の観察のまとめはこうである。「恐らく一九四〇年から四一年上半期にかけては、革命以来ソ連の国運が最も隆昌を極めた時代であり、変態的なネップ時代を除いて、ソ連の社会生活が一般的に最も高い水準に達した時であった」(一四九―一五五頁)。

3　独ソ戦争の観察

(1)モスクワでの体験

前芝は六月二二日ドイツ軍侵攻の報に接したが、独ソ関係急迫の情報は約二カ月以来「聞き飽きるほど」聞いてきた。一三日夕刻ソ連はタス通信を通じて、独ソ関係急迫に関するすべての風説をきっぱり否定し、ただちに全国に放送させた。前芝は、ドイツの要求は「まず政治的には昨年モロトフ外相のベルリン訪問の際一度持ち出したソ連の枢軸参加」、経済的には通商協定の拡大強化などと想像し、ドイツとしては二正面戦争を避けたいので、要求が容れられなければ戦争に訴えるというのは脅しだと見た。この見方はモスクワ外交界、ドイツ人を含む新聞記者仲間の「ほぼ一致した」見解だったという(二八二―二八六頁)。

後の歴史研究によれば、一九四〇年一一月ベルリンでソ連の枢軸参加をモロトフは口にせず、リッベントロプも示唆しただけだが、ヒトラーは否定的で、それどころか翌一二月にはソ連侵攻のバルバロッサ計画を秘密裡に裁可していた。二国間関係でさえ読むことが難しかったのである。一七日朝からソ連のラジオは「もし明日戦いあらば」をはじめ勇壮な軍歌を放送し始めた。二〇、二一日になると国境地帯十数カ所における独ソ両軍の「小衝突」さえ伝えられるようになった。

そして二二日、電話で起こされた前芝は車で日本大使館に向かう途中、モロトフ外相の開戦に関するラジオ放送を耳にした。開戦と自分たちの帰国に関する「私の原稿は二時間近くも待たされた挙句、完膚なきまでに削られ、ソ連側公式報道のお粗末な再製と化してしまった」。市中では食糧品の買い溜めが始まって至る所に行列ができ、夕方には各所にもモロトフ演説の全文や戒厳令、防空令の詳細が貼り出された。

二三日は市内で動員兵の集結を目にしたが、二四日早暁宿舎のサヴォイ・ホテルでドイツ軍の空襲と高射砲の砲声に叩き起こされた。その朝から戦況はタス通信ではなく、新設のソ連情報局から発表されるようになった。開戦以来のソ連機喪失三七四(過小な数字)など、かなり詳細になってきた。ルーズベルト大統領の対ソ武器・物資援助の声明は「モスクワの一般市民にも非常な好感をもって迎えられた」。

二六日夜、建川大使夫人以下の大使館関係者らがシベリア鉄道で発ち、二七日には「ミンスク付近で激戦展開中」の情報が入ってきた(三〇日には陥落)。二八日夕刻ソ連情報局は初めて外国人記者団とのプレスコンファレンスを開催した。外務人民委員代理のS・ロゾフスキーが長々と経過説明を行った。質疑応答では「そんなに独軍の国境侵犯行為があったのに、なぜ開戦直前タスをして白々しく独ソ関係切迫を否定させたのか」という追及があり、「もっと、われわれとの連絡を緊密にして、戦況なども専門家から納得のゆくように説明してもらいたい」という要望も出されたが、はぐらかされた感がある(二八六—三〇三頁)。

七月二一日夜、およそ一カ月ぶりにドイツ軍の空襲があった。情報局は「独空軍は約二百機を以ってモスクワ空襲を企図したが、僅かに数機がモスクワ上空に達し得たのみ。市中の被害は住宅の火災数箇所と市民の死傷若干」と発表したが、レニングラード街道右側の工場地帯、左側の倉庫等に「相当甚大な被害」があった。二二日の空襲では市の南部とモジャイスコエ街道沿いの工場地帯、東南部のタガンカ方面が炎上し、キエフ駅も『イズヴェスチヤ』社ビルも、アルバート広場も大きな被害を受けた。二三日夕刻サヴォイ・ホテルから日本大使館に避難し、屋上から空襲の様子をつぶさに観察した。情報局の発表は相変わらず「大なる被害なし」であった。

二七日は空襲がなかったが、この頃までに対空砲火も正確になってきた。初めは度肝を抜かれた市民も「スラヴ民族特有の神経の太さから、いつしか空襲下の生活に順応し、今では隣り組の防空・防火活動や避難者、死傷者の収容も秩序整然と行われている」。その後も八月中旬まで「天気の好い夜は殆どきまって空襲があった」。再度大規模な空襲が開始されたのは、一〇月初めからのドイツ軍モスクワ総攻撃の直前である。

一〇月一五日、日本大使館のモスクワ撤退に同行し、駐在武官、畑中『朝日』特派員らと別れてカザン駅まで車で移動した。一六日早暁、クイブィシェフに向かって列車は出発した。避難民を詰め込んだ列車、工場設備・機械類を積んだ貨車が東行し、西行する軍隊の輸送車とすれ違った。そして二〇日早朝クイブィシェフ駅に到着した。

(2)帰国後の観察

前芝はクイブィシェフを去り、満洲里経由で帰国したが、その後も総括的な記事を書いている。「赤軍の抗戦力について」「独ソ戦争とソ連の大衆」「世界戦争とソ連の動向」である(いずれも帰国後まもない一九四二年一月執筆)。

緒戦における赤軍の大敗の原因は、①攻勢配備をとりながら虚を衝《つ》かれたこと、②作戦地域が新領土であり、その急激なソヴィエト化政策に不満を抱く住民がドイツ軍に内応したこと、③赤軍の機械力、ことに航空機、戦車、対戦車兵器が質量ともドイツ軍に劣ったこと、④軍の指揮は横の連携が不十分で、下級指揮官が果断な判断、行動力に欠けること、⑤民族的特性として、不意打ちに狼狽し、混乱すること、である。

①に関連して、スターリンが開戦近しの情報を「挑発」として退けたことは、一九五六年のスターリン批判までは知られていなかった。②に関しては、ウクライナなどで長年の共産党支配、とくに農業集団化に苦しんでいた住民の相当数がドイツ軍を歓迎したことは事実だが、「内応」とまで言えるか(その後ドイツ占領軍もコルホーズを維持し、苛酷な住民収奪を続けたので嫌悪されるようになった)。

しかし、赤軍は緒戦こそ敗退したものの防衛戦に入るとモスクワ、レニングラードをはじめ頑強に抵抗している。この強靭な抗戦力の要因として挙げられるのが、①「鈍重ながら粘り強い民族性」＝ニチェヴォ主義、②赤軍将兵の愛国心と「捕虜よりも戦死」の精神、③焦土戦術とパルチザン戦、④スターリン政権の強靭さと巧妙な、とくにドイツ憎悪を煽る宣伝、⑤赤軍機械装備のドイツの予想を上回る量と軍需生産、である。

②は、「祖国のために」と敢然死地に赴く側面と、悪名高いスターリンの命令第二七〇号が戦死を強いる側面からなる。⑤に関連して前芝は、米英の物資援助が一九四一年のスターリンの革命記念日演説を引いて「実質的には取るに足らぬもの」と鵜呑みにしている。四一年の武器援助はモスクワ防衛戦に役立ち、四三―四四年のそれはソ連の対独戦争勝利に大きく貢献したのである。

前芝がクイブィシェフへの途次に考えたことは、次のとおりである。「ソ連国民の大部分はまだそうした〔マルクス・レーニン主義〕理論には風馬牛であり、昔ながらの懶惰《らいだ》で人なつこく、いささか狡猾なロシア人なのである。ただ彼らが、共産主義への過渡にあるという現体制から規定されるところの制度や羈絆《きはん》に慣れ、これを当然のものとして受入れ、それに生活を順応させている点が大きな変化である」。そして注意すべきは、民衆の生活水準の低さが「戦争による困苦欠乏に堪え得る限度を西欧諸国より遥かに広からしめている」点である（三六八―三八三頁）。

3　畑中の「抗戦」ソ連賛美

畑中政春（一九〇七―一九七三）は、一九四〇年一一月に『朝日新聞』記者として入ソし、戦争中のソ連をモスクワ、クイブィシェフ、再びモスクワで経験し、四四年八月に帰国している。彼は戦後、一九四七年に『ソヴェトといふ國』を出版したが、これをそのまま使うわけにはいかない。そこで、『朝日新聞』記事からスターリングラード戦の報道を取り上げ、また彼が帰国直後の八月下旬に連載した「ソ連より帰りて」を取り上げることにする（後者は多少リライトして『ソヴェトといふ國』に収録された）。

1　スターリングラード戦

一九四二年七月二三日夕刊は、ベルリン特電としてドイツ南方集団軍の一隊がロストフ（・ナ・ドヌー）に肉迫するとともに、もう一隊がスターリングラードに向けて快進撃する様子を伝えた。二四日夕刊、二七日朝刊は、ロストフが陥落寸前であり、ドイツ軍は北コーカサスに大攻勢をかけていると報じた。イギリスはソ連が黒海への出口、コーカサスの油田地帯を失って弱体化することを憂慮し始め、ヨーロッパ西部における第二戦線の開設がいっそう求められるにもかかわらず、米英の間で意見の一致を見ていないことも二九日夕刊には報じられた。二九日夕刊のリスボン発同盟記事は、ロストフ陥落後の独ソ戦争の戦局の中心はスターリングラード攻防戦に移ったと伝えている。

八月七日夕刊一面トップには、北コーカサスの赤軍がドイツ軍に包囲されて脱出できなくなる恐れ、ドイツ軍のスターリングラードへの快進撃が報じられ、米『タイム』誌記者の独ソ戦線視察記の中で、ソ連兵士が第二戦線開設を切望し、米英の態度を知りたがっていることが伝えられた。一八日朝刊は、ベルリン特電がドイツ軍のドン河全流域制圧を報じ、クイブィシェフから畑中が『モスクワ・ニュース』紙でもソ連の劣勢を認めていると伝えた。二〇日夕刊、二四日朝刊は、ドイツ軍が北西及び南西からスターリングラード包囲環を締め上げていると報じた。二五日朝刊は、スターリングラード郊外で独ソが開戦以来の激戦を展開中と報じた(両軍各八〇万)。

二六日夕刊一面トップはモスクワ同盟発記事が『プラウダ』紙の前線報道を伝えた。灼熱の太陽の下にある戦場では「絶え間なく落下する砲弾、爆弾は一面の野火となって、草を焼き点在する小麦畑をひとなめにして赤軍の散兵壕に匍《は》い寄り、疲れ切った赤軍兵士の軍服に燃え移っている。独軍は半ズボンに軍靴という半裸体で火焔を潜って突撃してくる」。二七日朝刊は、スターリングラードの外郭陣地が突破され、南北に通ずる地上輸送路も完全に遮断された。三〇日夕刊は、同市郊外で大戦車戦が展開されたと報じた。

九月二日夕刊は、解説記事「ヴォルガ河」を掲載した。ヴォルガ流域地方は穀作地帯であり、下流の中心都市スターリングラードは工業都市であるとともに、交通と運輸の一大結節点である。下流域には、一八世紀以来のドイツ人移民の子孫が住むヴォルガ・ドイツ人自治共和国があった。しかしソ連当局は、一九四二年彼らのドイツとの内通を理由に中央アジア、シベリア方面に強制移住させた。ヴォルガ河はステンカ・ラージンの乱でも知られ、その歌詞にもあるように「母なるヴォルガ」と呼ばれるロシア人の心の故郷である。

九月六日夕刊一面トップには「ス市陥落刻々に迫る」という見出しの記事が掲載された。クイブィシェフ畑中特派員発の記事も独軍の「赤軍に対する数量的優越」を認めていた。九日朝刊ではチューリッヒ特派員発記事で、防衛司令官がス市の全労働者に工場を離れ、即時戦闘に参加することを命令したことが報じられた。一五日夕刊一面トップには、ドイツ軍がトーチカ陣地を一つひとつ潰しながら包囲環を締め上げ、「赤軍百万、逃場失い捨身の抗戦」という見出しで形容された。

一八日夕刊のベルリン特電記事によれば、ドイツ軍はスターリングラードを南北に分断することに成功したが、防衛軍は市民も巻き込んで「文字通り全市を要塞化して死にものぐるいの抵抗を試みている」。ドイツ軍は民家を一軒一軒、火炎放射器と手榴弾をふりかざしつつ一メートル、二メートルと破壊して前進している」現状である。二三日夕刊の畑中特派員記事は、市街戦が続いているが、近郊の農民義勇兵も赤軍増援部隊も到着したと伝えている。二四日夕刊の畑中記事はこう書いた。「実にスターリングラード防衛に身を盾としたソ連兵士の不屈の抵抗と、電撃的ではないが着実な独軍部隊の進撃ぶりはかつて先例なきものであり、何人と雖もその激しさを否定すべくもない」。

一〇月一日夕刊の畑中特派員記事によれば、ソ連情報局発表を引き、ドイツ軍が「戦略的に重要な一高地ならびに他の一有利地点を占領」したと書いたが、この高地とはママイ丘のことであろう。二日朝刊のリスボン発同盟記事は、スターリンが徹底抗戦と裏切り者粛清を呼びかけるメッセージを、共産党市委員会書記を通じて防衛軍と市民に送ったと報じた。三日夕刊の畑中報告では、ヴォルガ渡河輸送を砲撃するドイツ軍に赤軍は戦車部隊を差し向けたが、約一〇〇輛すべてが米英製だったと報じられた。八日夕刊には、第二戦線問題でチャーチルが議会で追及される場面が掲載された。

一〇月一〇日夕刊にベルリン特電で伝えられたドイツ軍スポークスマンの言明は、奇妙だった。「スターリングラード攻略戦は一大転換を来した。ス市中央部を占領し、ヴォルガ河畔に到達すべき戦略目的はすでに達成されたから、これ以上独軍歩兵、工兵が市の残部を強襲する必要はない」というのだが、冬期に入っている中で制圧困難と判断したのか、意味不明の言明である。

追いかけるように、一二日朝刊にベルリン特派員が「スターリングラード攻防五十日」を書いた。ドイツ側から見たソ連軍の抵抗ぶりへの驚きの表明である。「本来モスクワの如き要塞都市でもなんでもないスターリングラードが、一度ソ連兵が地下室にもぐったとき一夜にして完全鉄壁の大要塞と化したのには敵、味方共に侮《あなど》り難きソ連兵の本質をその中に見出したのである」。「独ソ開戦以来ドイツ軍が撃破あるいは鹵獲《ろかく》した大砲の数はすでに何万門という驚くべき数に達しているが、それだけ叩かれてもなお今日の抵抗力をもっているソ連の軍需工業力というものは相当なものであることは疑いを容れない」。

ストックホルム発同盟が伝える『イズヴェスチヤ』記事によれば、スターリングラードは四分の三が灰燼《かいじん》に帰し、ドイツ軍は航空機から投降勧告ビラを散布した。しかし、ヴォルガ河東岸地区には多数の赤軍増援隊が蝟集《いしゅう》し、西岸渡河への機を窺っている。

一一月一日夕刊には、畑中のクイブィシェフ発記事「独軍制圧下のソ連」が掲載された。これは困難窮まる独ソ戦争の中の市民生活を伝えたもので、物資不足の条件下で政府が食糧、燃料、日用品の供給に腐心していることがよく分かる。パンは労働の種類に応じて配給され、炭坑夫ないし鉱業労働者は一日一〇〇〇グラム、軍需工業労働者は八〇〇グラムという具合である。工場労働者は配給以外にオルス（労働者供給部）を通じて食糧を安く購入できるが、そこに属さない者はコルホーズ市場から食糧を高価で購入しなければならない。「コルホーズ市場が都会生活者の財政（家計）をまかない、かつ農村居住者に日用必需品を供給する上において果す重要な役割」を指摘している。

たしかに燃料は、石炭が鉱業、鉄道に回されるため一般家庭には配給されないので、薪集めに苦労している。衣類、日用品も労働者・職員はオルスを通じて優先的に供給され、一般にもある程度のストックがあるため何とかなっているようである。ソ連国民は以上の困難に耐えながら戦争遂行上の義務を果たし、「士気はなお旺盛なるものがあるようである」。但し、米英が第二戦線開設に躊躇していることに不満を抱いていることは事実である。

一一月一一日朝刊の畑中記事は、クイブィシェフから一年ぶりに帰ったモスクワの様子を伝えたものである。一年前にドイツ軍侵攻に備えて築かれたバリケードは撤去され、避難民も相当多数が戻って来たようである。電車、バス、自動車は元通り走り回っている。一年前は午後八時に閉鎖されて市民の防空壕となっていた地下鉄も、今は午後一一時頃まで運転している。演劇や映画も活気を呈し、モスクワは少しずつ通常状態を取戻しつつある。但し「モスクワの顔は今なお硬直しており、モスクワの生命は緊迫状態を続けている」。

さてスターリングラードに戻ると、一九日からソ連軍の反攻が開始されたが、記事では二五日夕刊に小さく「赤軍、独の側面を狙う」としか報じられなかった。二九日の市の南方コテリニコフの奪回も、一九四三年一月八日のドイツ軍に対する降伏勧告も記事にはならなかった。もっとも重要な二月二日のドイツ第六軍九万余の降伏さえ、その衝撃のゆえか、日本の情報局によって検閲、削除されたに相違ない。

なお、この項の最後に一九四四年一月三一日夕刊の「迫る欧州決戦の鼓動　本社海外特派員紙上座談会」における畑中意見を見ておく。ソ連はすでに甚大な被害を受け、厖大な犠牲者を出したので戦争は早期に終結したいが、テヘラン会談では第二戦線開設を米英に強く要求したものの、最近は聞かない。米英ソ間で何らかの了解に達したか、「事前に戦後の処理問題を協議したがる」米英となお折り合いがつかないのかは分からない。戦争の長期化はドイツ軍占領地帯のソ連国民を苦しめ、米英ソ間の違いを生むことになるので、そうならないようソ連も努めている。

2　帰国直後の『朝日』連載「ソ連より帰りて」

(1)「すべてを前線のために」(一九四四年八月一八日)

最近ソ連国民は戦争がもうすぐ終るのではないかと考え始めた。畑中は「昨日自分の倅《せがれ》は召集されたが、明日は除隊になって帰ってくるだろう。何故なら今日第二戦線が布かれたのだから」という老婆の言葉を書き留めている。ソ連の国民は過去三年間の苛烈な戦争で「相当草臥《くたび》れている」。独ソだからといって、敵に対する怒り、燃えるような復讐心が衰えていると見るのは早計である。独ソ両軍の死傷者は一五〇〇万前後に及ぶだろう。スターリングラード市内で戦火から残ったのは僅か二六軒だと、視察したロシア人が教えてくれた。

男性は戦線に動員されたため、コルホーズには児童・乳児、老人しか残らず、労働も管理業務も女性が行っている。都市も役所や重要工場に残っている男性を別とすれば、女性があらゆる職場に進出し、電車の運転手はほとんど女性ばかりといった状態である。しかも、女性は前線に出て狙撃兵、高射砲手、パイロットとして男性と肩を並べて戦っている。

前線の将兵にはパンが一日一〇〇〇グラムが支給され、一般労働者の五五〇グラムに対して優遇されている。缶詰、バター、果物、ウオッカ、タバコも十分に支給されている。「かような第一線将兵の贅沢は銃後市民の日常生活を最低限度に切り詰めさせることによって実現されている」。しかも、銃後の市民は厳しい労働規律を課され、二五分程度の遅刻で懲役五カ月に付されたという話を最近耳にした。ほとんど前線の軍律に近い労働規律に規制されていると言ってもよい。

(2)体制の軍事化・兵営化(八月一九日)

すでに述べたように、戦争中のソ連は前線と銃後の区別がない「国内体制の軍事化」「国民生活の兵営化」を特徴としているが、これは幹部の服装にも現れている。スターリンは党書記長として長年着ていた「党服」を、大元帥任命後は元帥服に替えた。これに倣ってジダーノフ、フルシチョフ、シチェルバコフも大将服を着るようになった。人民委員部も、国防、内務に加えて交通、外務、司法まで幹部が肩章を付け、軍隊的規律が導入された。「文官制度のミリタリザーチア(軍事化)」である。

学校では昨年九月から初・中等教育の男女共学が廃止された。男子生徒を将来の赤軍兵士にする狙いからだという。ロシア正教会は開戦以来八十有余の教会が開かれるなど、さかんになってきたが、総主教セルギーが「神から授かり給いしわれらの指導者（スターリン）を護り給え」と祈る（昨年の革命記念日）など、神への服従と指導者への服従が重ねられているように思える。

むろん、市民は四六時中兵営生活をしているわけではなく、仕事を終えればオペラ、映画、ダンス、散歩などで自由時間を享楽している。モスクワにドイツ軍が迫ったときでさえ、劇場や映画館はふだん通りに営業していた。

(3)商業レストランと百貨店（八月二〇日）

この四月一五日パスハ前日に、モスクワの目抜き通りに「コムメルチェスキー・マガジン（商業食料品店）」七、八軒が開店した。商品は何でも揃っているが、値段が「殺人的」である（パン一キロが一〇〇〇ルーブリ、労働者の平均賃金は四〇〇ルーブリ）。それでも、たまには子供にチョコレートを買ってやることくらいはできるというわけである。「商業レストラン」も「ウニヴェルマグ（日用品百貨店）」も同じである。

要は「戦時下ソ連市民の生活手段の獲得方法が、これまでとかく封鎖的であり、差別的であり、部分的であったものを、公開的に、無差別平等的に転換する」という点にある。パン以外の配給制は廃止され、小売り自由になるという噂が流れているが、頗る興味深い（配給制廃止は実際には一九四七年末）。

(4)戦時生産と労働義務(八月二三日)

独ソ開戦とともに、スターリンは戦時経済への転換、企業の東部疎開、東部での穀物増産、企業経営の改善、とくに競争導入と労働規律強化の方針を示した。工場の東部疎開は困難を極め、ザポロージェ航空機工場は、ドイツ軍がドニエプル右岸に達したとき設備機械を貨車に積み、四日間で東部に移送された。どこも、ドイツ軍が接近するギリギリの時点まで操業してから、解体、移送する疎開だった。一九四二年終わりには、奥地に移動した工場も稼働するようになり、航空機、戦車、大砲などの生産は撤退前の水準に回復した。

農業生産は、ウクライナなど穀作地帯を失い、多数の男性を兵士にとられて困難に陥ったが、機械化農業のおかげで何とか乗り切り、トラクター手をつとめたコルホーズ員は召集されると戦車兵として活躍した。機械化農業云々の部分は、機械化がそれほど進んでいなかったので誇張だと判断される。「働かざるものは食うべからず」は社会主義のモットーだが、戦時下のソ連では「働かざるものは生きるべからず」と物騒な文句に変わってきた。

(5)ロシヤ魂と愛国心(八月二五日)

最近のソ連で目立つのは、戦争における精神力の強調である。日本人が大和魂を振り回すように、彼らもロシヤ魂、スラヴ魂を持ち出す。モスクワ攻撃を跳ね返し、レニングラードの包囲を耐え忍び、スターリングラードの危機を救ったのも、ロシア魂の発露だと共産党機関誌が言うのである。

スターリンはすでに開戦以来、過去の祖国防衛戦争がそれぞれの英雄を作り出し、愛国心をかき立てた点に着目し、歴史上の出来事を引いて愛国心に訴えた。

ここでは三大都市の防衛戦のうちレニングラードに関する記述だけ引用する。「レニングラードは一九四一年秋頃から翌年春にかけて、殆ど独軍の完全包囲下に陥り、居残っていた市民は糧道を断たれ、窮乏のドン底に落ち、飢餓に直面した。……一般市民には一日パン一二五グラム以外何もやれない。たったこの二きれのパンと水の生活が続く。鼠や猫を一匹も残さないように食ってしまう。……飢餓で斃れる市民の数は一日四万人に達したこともあったという。飢餓で行き倒れた市民があちこちと、通りや広場の雪の中に転がっていた。しかし、それでもレ市の市民は遂に降伏しなかった」。

(6)スターリン指導の強味(八月二六日)

スターリンの強い意志と「頑張り主義」は、モスクワ攻防戦によく現れている。政府首脳の多くが下僚とともにクイブィシェフに移転し、独ソ戦争に関する悲観論が市民にも連合国マスコミにも流れていたとき、スターリンはモロトフ等とともにクレムリンに残り、赤軍兵士を鼓舞し続けた。スターリンは、スキタイ族に遡るという、そしてナポレオンの侵攻に対して用いられた退避戦術をとってドイツ軍を国土深く引きずり込み、補給線を伸ばすだけ伸ばさせておいて「冬将軍」の到来を待ち、反撃に出る、それまでは「頑張る」という戦術である。

スターリンは、政治指導においても情勢に応じた政策と優先順位の必要をわきまえ、迅速に実行した点が優れている。コミンテルンの解散、国歌の変更、宗教の復興、赤軍コミッサール制度の実施と即時廃止等々である。その手法は強引ではあるが、戦時において甲論乙駁は許されない。人民は党の宣伝と啓蒙によって「素直に順応して行く」が、指導者が利己心を捨てて全力で職務に奮闘し、責任も取っているからスターリンの指導は受け容れられているという。

スターリン政治のもう一つの特徴として、思い切った新進抜擢と信賞必罰の徹底が挙げられる。軍人で言えば、旧世代のヴォロシーロフ、ブジョンヌイらに代わって近代戦(航空機と戦車)に通じたジューコフ、コーネフ、ワシレフスキー、ロコソフスキーらを抜擢し、独ソ戦争で十分に能力を発揮させた。外交官でもリトヴィノフのような古参に代わってマリク(駐日大使)のような若手を登用している。

この連載ものは、もはやソ連外務省の検閲は受けないが、「対ソ静謐《せいひつ》」(刺激しない)方針をとる日本外務省の眼は気にして執筆したものと思われる。「国民生活の兵営化」や「文官制度の軍事化」などの観察は鋭い。それにしてもスターリン評価は、一二年後(一九五六年)のスターリン批判を知らないため無理からぬ所もあるが、甘いと言わざるを得ない。わずかにヴォルガ・ドイツ人自治共和国からのドイツ人強制移住には触れているが(前出の一九四二年九月二日記事)、スターリンの政策との関係は不問に付している。畑中の「国民に支持された強力な指導者スターリン」論は、戦後にマルクス・レーニン主義的な色彩を帯びて登場することになる(『ソヴェトといふ國』)。

補　ソ連の情報統制と外国人記者

独ソ戦争が始まると、モスクワ駐在各国特派員は、平時でも取材の自由はなく、本国に打電する記事についても外務人民委員部情報課の検閲を受けて来たのだが、ソ連情報局の発足により、さらに厳しい情報統制の下に置かれるようになった。政治局員候補A・シチェルバコフを長とし、外務人民委員代理ロゾフスキーを次長とする情報局は、戦況その他の国内向けニュースの統制、戦争完遂のための国内宣伝の指導、外国新聞記者とのプレスコンファレンスを通じての対外宣伝を任務としていた。

ソ連情報局の発表した戦況は、タス通信を通じて全国の新聞に配給されるとともに、日本へ向かっては英文で同盟通信に打電され、これが特約関係に基づき「モスクワ発同盟」となって各紙に配給された。情報局の発表する戦況は、「大本営発表」と同じく、自国が有利であるかのような内容であり、不利な情報は流さなかったのである。当時の日本の各紙記事は「モスクワ発同盟」が多数で、特派員署名入りの記事は少なかった。

加えて日本の新聞社自身による政治的判断が加味される。独ソ戦争の一方ドイツは軍事同盟の相手国だから不利な記事は掲載されないか、ごく小さく扱われた。前芝が戦後になって次のように回想している。「多くの場合、ベルリンからの、ヒトラー・ドイツにおもねるような記事や露骨なドイツ宣伝省の宣伝が、いかにも戦争の真相であるかのごとくとりあつかわれており、ソヴエト側から見た戦争に関する私の通信は、肝腎《かんじん》のソ同盟の抵抗の激しさやその底力の強さに関する部分はほとんど削りとられ、ただドイツ側から出た報道を裏書するような部分だけが巧みに紙面に生かされていた」。反面、中立条約の相手国ソ連をできるだけ刺激しまいとする配慮はなされていたという(『新聞記者の告白』三一書房、一九五〇年、一八九—一九〇頁)。

本章3節で見たように『朝日新聞』が、独ソ戦争の記事をスターリングラード戦のドイツ優勢時までは大きく報道したものの、ドイツ第六軍降伏の記事がなく、以降戦況を伝える頻度が落ちたのも、ほぼ一貫してベルリン発とクイブィシェフ、ついでモスクワ発とを並べる形で報道したのもこうした事情によるものと判断される。

スターリングラード戦が記事に明示的に現れるのは、管見の限り一九四三年八月三一日のモスクワ発畑中特派員記事である。開戦四年後の大局を論じたもので、一九四二年末が転換期で「十一月反枢軸軍はスターリングラード及び北阿(北アフリカ)において攻勢を開始し、枢軸軍は東部戦線及びアフリカから全面的後退を行った」とする。但し、見出しは本社整理部がつけるものだから「ソ連の負担漸く加重」と、第二戦線が開かれない事情を知らないと意味不明のものとなっていた。

おわりに

以上見てきたように、日本人記者の「赤いロシア」観察は、帝政期を経験していたか否か、革命・内戦期、ネップ期、一九三〇年代、第二次世界大戦期のどの時期に特派員をしたのか、その時期ごとに日本人記者としての取材の制約はどうであったのか、複数の時期にまたがる場合に変化が生じたのか、といった諸点に応じて、そして記者の個性や信条に応じて多様なものであった。

それにしても、ロシア革命期の布施の取材は驚くほど自由で、その記事は政党やソヴィエトの動向をほぼ正確に捉えたものだった。それは革命自体が自由な空間を広げたためであるとともに、布施がソヴィエト大会を傍聴し、街頭で兵士に取材するような積極性を持っていたからである。革命前から首都ペトログラードの特派員としてロシア社会を観察しており、いわば「土地勘」を備えていたことも大きい。これに対して内戦期の中平の場合、正規のルートでモスクワに入らなかったため、投獄の憂き目にも遭ったが、かえって北西ロシア放浪中に農民生活の実情に触れ、集団農場の最高形態とされるコムーナも訪れる貴重な体験をしている。ネップ期の場合、とくに一九二五年の日ソ国交以降は特派員を常駐させることができるようになったが、布施にしても黒田にしても在任期間が短かったため、この時期の記事はやや精彩を欠いている。

一九三〇年代の丸山、第二次大戦期の前芝は、市民生活を中心によく観察し、工業における技術の立ち後れやスタハーノフ運動の矛盾、計画経済の無理がもたらす企業と労働者の抵抗（計画の間引きと仕事の手抜き）、計画経済を補完し、体制に不可欠なものとなった闇経済も把握している。ただ、ソ連の国家機密に触れる一九三二―三三年の大飢饉や矯正労働収容所をテーマにした記事は書けなかった。ヴェテラン記者の布施でさえ「ウクライナ　飢饉の試煉」という記事で実態や情報源にいっさい触れておらず、これで五カ年計画が失敗したのではなく、飢饉にもかかわらず同計画は前進していると書いている（『東京日日新聞』一九三三年一一月一三日）。第4章・補1で紹介した収容所の情報も、もはや特派員ではなくなった、顧問になってからの時期の『ソ聯報告』で明かしたもので、おそらくモスクワで築いた言論人・知識人ネットワークから入手したものと推察される。

総じて、記者たちは『プラウダ』紙や『イズヴェスチヤ』紙からの引用で満足せず、取材には許可が必要であるばかりか、秘密警察の尾行がつく厳しい制約のもとで、何とか産業や市民生活の実態に迫り、これを日本の読者にある程度まで伝えたと評価してよい。

「はじめに」で触れたように、ロシア革命後の日本の世論は「反共対親共」に二分されていたのではない。もう少し正確に言えば、共産主義に対する態度とソ連に対する態度とは同じではなく、「反共反ソ」「反共容ソ」（共産主義思想には反対だが、ソ連国家とは付き合う）「親共容ソ」「親共反ソ」（共産主義思想を信奉するが、現実のソ連国家には反対するトロツキー派や無政府共産主義者）の四類型があった。本書の記者で言えば、「反共反ソ」は中平、「反共容ソ」は布施、丸山、前芝、「親共容ソ」は大竹、畑中ということになろうか。

中平の「反共反ソ」は、内戦期ロシアで投獄された経験によるところ大と思われるが、その著作『赤色露國の一年』で特派員としてのその後の入国を拒否されたためではないかと推定される。それでも、中平はベルリン特派員としてソ連観察を続けた。『外交時報』（一九二六年一二月）に寄せた論文「レーニニズムの死滅（共産党内訌の真相）」は、ネップが社会主義からの後退であり、「贔屓目《ひいきめ》に見積もっても国家資本主義」であることを指摘しているが、これはむろんトロツキー的な立場から述べたのではない。『朝日新聞』を退社する前後に刊行した『赤色ロシヤの嘘』が示すように、後進的なロシアで無理に社会主義をめざす革命自体が失敗だったという意味である。中平の主張は欧米諸国の主流的なソ連観の表明であり、満鉄調査部に入って『蘇聯邦事情』に書いた論文の一つ「對ソ聯認識について」（一九三五年七月）に至っては、ソ連の満洲侵略には「日本精神」をもって臨むべしと、右翼丸出しになってしまった。

反対に、大竹は片山潜との接触やソ連関連書籍販売の関係から、畑中は独ソ戦をあらゆる辛苦を乗り越えて戦うソ連国民の姿を見て、体制そのもの、そして指導者スターリンを肯定する「親共容ソ」の立場をとった。戦後に日本が民主化され、ナチ・ドイツを打ち破ったソ連の国際的威信と「獄中一八年」の幹部（徳田球一や宮本顕治ら）をもつ日本共産党に対する評価が高まり、一部はソ連から帰還した捕虜・抑留者の影響もあって、大竹も畑中も「親共容ソ」どころか「信共拝ソ」（共産主義に確信を持ち、その実現に邁進しているソ連をすべて崇拝する）になってしまった。この態度は、少なくとも一九五六年二月のスターリン批判まで、かなり多数の知識人のとるところとなった。

「反共容ソ」の立場で、客観的な取材に努めてきた布施の一文が重要である。『外交時報』（一九三七年四月)に寄せた「對蘇認識是正の機」と称するこの文章は、日ソ関係の悪化の根本原因として「わが対ソ認識の不足、研究の欠陥」を挙げ、革命後四回にわたって認識を誤ってきたと、自己の特派員経験、認識の変化を踏まえて指摘している。

第一は、ロシア革命が立憲民主主義、せいぜい社会民主主義留まりで終わると見たことである。第二は、ボリシェヴィキ政権が「三日天下」に終わると判断したことで、「セミョーノフ一派の白系露人」という色眼鏡を通してロシアを観察し、シベリア出兵の愚行をおかした。第三は、新経済政策を「資本主義への一時的退却」であるにもかかわらず「赤露白化」と思い込んだことである。第四は、五カ年計画は失敗すると判断したことで、消費生活の窮乏やウクライナの飢饉だけを見て重工業中心の経済建設という半面を見なかった。ソ連における出来事を共産主義嫌悪の感情から判断し、何事も「悪しざまに報道しようとする」傾向にとらわれ、こうした認識不足による相互理解不能の結果が対ソ感情のさらなる悪化をもたらす悪循環に陥ったというのである。

後世の私たちは、彼ら記者が得たよりも豊富な情報を、とくにソ連崩壊後に入手した。このことはしかし、記者たちの認識が劣っていたことを必ずしも意味しない。筆者は執筆しながら、自分が研究者として築いてきたロシア革命観、ソ連観の重要な要素のいくつかは彼らがすでに観察したものであること(国有計画経済の中での仕事の手抜きや内職、資材の横流し、スタハーノフ運動のまやかし等)に、あらためて気付かされた。正確に言えば、当時の記者たちの観察を、ソ連崩壊後に公文書を閲覧し、あるいは資料集で得た知見で裏付けることができた。外国史の研究は、当該国の公文書や新聞だけで完結するものではなく、自国の特派員の現地取材報告も生かすべきことを痛感したわけである。

この意味で、記者たちが十分に理論的ではないにせよ示したロシア革命観とソ連観に対して、自分のそれを読者に提示し、本書の結びとしたい。それがロシア革命一〇〇年にも相応しいことと考える。

かつてレーニンは、共産主義とは「ソヴィエト権力＋電化」であると定義した。このうちソヴィエト権力がもっていた直接民主主義的な性格は、内戦・干渉戦争期に失われてしまった。計画経済は、大恐慌期から第二次大戦後にかけて資本主義がケインズ主義的な修正によって新たな成長を実現するモデルとなった。戦後の米ソの経済競争においては、新興独立国家の「非資本主義的な発展」のモデルともなった。しかし、計画経済の可能性はやがて汲み尽くされ、スターリン批判後は批判的な研究が登場した。計画経済の裏面として、パターナリズム(労働者が怠けても首を切らずに抱え込む温情主義)が指摘されるようになった(日本では故佐藤経明が先駆的)。

一九六一年、日本では池田勇人の高度経済成長路線に対抗して「江田ヴィジョン」が打ち出された(江田三郎は社会党書記長で構造改革派)。イギリスの議会制民主主義、アメリカの生活水準、ソ連の社会保障、そして日本の平和憲法の四点セットである。計画経済は「所得倍増計画」等に組み込まれた以上、もはや掲げられない。ソ連は民主主義的でもなければ、生活水準が高いとも見なされず、住宅・医療・学校教育など広義の社会保障が充実している点が唯一のメリットとイメージされた。但し、それが低価格または無償で提供されるということが強調され、質が問われることはほとんどなかった。

しかもソ連の社会保障は、西欧のように個人的諸権利の保障を前提とした社会的諸権利の保障というものではなく、ドイツ帝国ビスマルクが創設した社会保険制度＝「後見的福祉」（いわゆる「飴と鞭」の飴）の延長線上にあるものと言ってよい。このことは、一九一八年七月のロシア社会主義連邦ソヴィエト共和国憲法における権利規定と、まもなくドイツ革命によって成立したワイマール共和国の憲法の権利規定を比較すれば、一目瞭然である。後者が労働権、生存権（のち日本国憲法に導入）を保障したのに対し、前者の権利には行使に国家による制約が付され、労働は権利というよりは戦時共産主義を反映して義務とされたからである。

たしかにロシア革命直後から様々な社会政策が打ち出されたが、すでに見たように、社会保障に関する法令であれ、女性解放のための離婚・中絶の自由と家事・育児の社会化の政策であれ、戦時共産主義の条件下では実現が困難であった。注目すべきは、社会保障全般を担当する官庁が一九一七年一一月一〇日に創設されたが、その名称が国家後見人民委員部（Narodnyi komissariat gosudarstvennogo prizreniia）だったことである。prizrenie は opechenie, opeka とほぼ同義で未成年者、無能力者に対する世話、保護の意味に他ならず、私は「上から」を強調する意味で「後見」と訳している。

むろん、こうした社会政策が労働者、女性の要求や運動に根ざしていたことは事実だが、それは彼ら彼女らの権利意識の発展には繋がらなかった。一九二〇―三〇年代に労働保護、母性保護、社会保険などの制度が整備され（労働人民委員部の管轄下、但し同人民委員部は三三年全ソ労働組合評議会にて強調された(三〇年代の「家族強化」のように社会主義理念からの後退もあったが)。経済的に後進的で、市民社会も幼弱だったロシアには、この「後見的福祉」しかなかったのであり、それは第二次大戦後に生まれた中国を始めとする一層後進的な国々の社会主義でもモデルとされた。このように、ロシア革命とソ連国家が生み出し、曲がりなりにも長続きしたのは「後見的福祉」だったのである。

ロシア革命一〇〇年の本年刊行された『ロシア革命とソ連の世紀』全五巻の第二巻「スターリニズムという文明」で「スターリン独裁下の社会と個人」を書いた松井康浩は、「ソヴィエト社会システムに関するハーヴァード・プロジェクト」に言及している。一九五一―五二年にアメリカ市民となった旧ソ連市民(第二次大戦の捕虜などの未帰還者)に対する「オーラル・ライフヒストリー・インタヴュー」である。松井は、現体制が除かれたのちになお残すべき制度があるかという設問に、福祉国家的な諸制度――教育、医療、劇場などの文化面――であると、多数が回答した点に注目している。筆者も学生時代に読んで忘れていたインタヴューだが(A・インケルス/R・バウァー『ソヴェトの市民――全体主義社会における日常生活』慶應義塾大学法学研究会、一九六三年)、「後見的福祉」が亡命者にも評価されていたことを示している。

筆者は、ソ連解体直後にロシア科学アカデミー・ロシア史研究所の招聘で在外研修をおこなったが、その折に、語学力不足ながら一般ロシア人と話す機会があった。旧体制が崩壊し、市場経済への移行の混乱期に自信を失った彼らに、君らの国は日本と同じく教育制度を整備し、宇宙開発のパイオニア国家になったではないか、ソ連時代の遺産にもっと誇りを持ってはどうかと励ましたことがある。あるいは、居住インフラは不十分かも知れないが、共同住宅のクヴァルティーラ（フラット）とダーチャ（週末を過ごすミニ・セカンド・ハウス）をもっている点では、日本より住宅事情がいいとさえ言えると思ったものである。これは、まさしくソ連が残した「後見的福祉」の歴史的遺産に他ならない。

本書は『スターリニズムの統治構造　一九三〇年代ソ連の政策決定と国民統合』（一九九六年）、『戦間期の日ソ関係　一九一七―一九三七』（二〇一〇年）に続く、私のソ連もの三部作の最後に当る。これらの著作の内容をふまえ、扱えなかった独ソ戦争期も取り込んだ作品だが、第二作を刊行したときから、手許にある日本人新聞記者のソ連記事やソ連本をいつか生かそうと思っていた。昨年末に『シベリア抑留　スターリン独裁下、「収容所群島」の実像』を刊行し、独ソ戦争をある程度まで勉強したこと、そして今年がロシア革命一〇〇年に当ることから、機会がやって来たと感じた。たまたま『思想』七月号に論文「ロシア革命と日本人　一世紀前どう報じられ、受けとめられたか」を寄稿し、本書の構想が一気に固まった。

本書が世に出るに当っては、多くの方のお世話になったが、ロシア・ソ連史研究者でこのテーマに最初に取り組まれた故菊地昌典先生のことは記しておきたい。先生は「ロシア革命と日本（人）」というテーマに、荒畑寒村、石堂清倫といった社会主義・共産主義運動の生き証人たちとの交流も含めて取り組んでこられた。東京大学を退官されて七年後の一九九七年に亡くなられ、今年は没後二〇年になる。命日を少し過ぎた六月一〇日に教え子仲間と一〇年ぶりに五日市の墓所を訪れた。そのとき墓前で合掌しながら「先生、不肖の弟子が本を出します」と語りかけたものである。

最後に私事で恐縮ではあるが、一昨年八月の前立腺癌発見以来、私の体調を気遣い、無理しがちな私を励ましながら支えてくれた妻と二人の娘にも感謝の言葉を記すことをお許し願いたい。

二〇一七年一一月　ロシア革命一〇〇年の月に様々な思いを込めて

富田　武

岩波現代全書発刊に際して

いまここに到来しつつあるのはいかなる時代なのか。新しい世界への転換が実感されながらも、情況は錯綜し多様化している。先人たちは、山積する同時代の難題に直面しつつ、解を求めて学術を頼りに知的格闘を続けてきた。その学術は、いま既存の制度や細分化した学界に安住し、社会との接点を見失ってはいないだろうか。メディアは、事実を探求し真実を伝えることよりも、時流にとらわれ通念に迎合する傾向を強めてはいないだろうか。

現在に立ち向かい、未来を生きぬくために、求められる学術の条件が三つある。第一に、現代社会の裾野と標高を見極めようとする真摯な探究心である。第二に、今日的課題に向き合い、人類が営々と蓄積してきた知的公共財を汲みとる構想力である。第三に、学術とメディアと社会の間を往還するしなやかな感性である。様々な分野で研究の最前線を行く知性を見出し、諸科学の構造解析力を出版活動に活かしていくことは、必ずや「知」の基盤強化に寄与することだろう。

岩波書店創業者の岩波茂雄は、創業二〇年目の一九三三年、「現代学術の普及」を旨に「岩波全書」を発刊した。学術は同時代の人々が投げかける生々しい問題群に向き合い、公論を交わし、積極的な提言をおこなうという任務を負っていた。人々もまた学術の成果を思考と行動の糧としていた。「岩波全書」の理念を継承し、学術の初志に立ちかえり、現代の諸問題を受けとめ、全分野の最新最良の成果を、好学の読書子に送り続けていきたい。その願いを込めて、創業百年の今年、ここに「岩波現代全書」を創刊する。

（二〇一三年六月）

富田 武

1945年生．1971年東京大学法学部卒業，1981年同大学院社会学研究科博士課程満期退学．1988年成蹊大学法学部助教授，1991年同教授，現在同名誉教授．専攻：ソ連政治史，日ソ関係史．著書：『スターリニズムの統治構造』(1996)，『戦間期の日ソ関係：1917-1937』(2010，以上岩波書店)，『シベリア抑留者たちの戦後：冷戦下の世論と運動 1945-56』(人文書院，2013)，『シベリア抑留：スターリン独裁下，「収容所群島」の実像』(中公新書，2016)など．

岩波現代全書 109
日本人記者の観た赤いロシア

2017年11月17日　第1刷発行

著　者　富田《とみた》 武《たけし》

発行者　岡本 厚

発行所　株式会社 岩波書店
〒101-8002 東京都千代田区一ツ橋 2-5-5
電話案内 03-5210-4000
http://www.iwanami.co.jp/

印刷・三秀舎　カバー・半七印刷　製本・松岳社

ISBN 978-4-00-029209-2　Printed in Japan

参考文献

はじめに

（1） 大庭柯公『露西亜に遊びて』大阪屋號書店，1917年
（2） 同『露國及露人研究』柯公全集刊行会，1925年
（3） 播磨楢吉「露都革命実見記」『時事新報』1917年3月31日～4月2日
（4） 布施勝治『露國革命記』文雅堂，1918年
（5） 同『労農露國より歸りて』大阪毎日新聞社，1921年
（6） 同『レーニンのロシアと孫文の支那』燕塵社，1927年
（7） 同『ソ聯報告』大阪毎日新聞社，1939年
（8） 黒田乙吉『悩める露西亜』弘道館，1920年
（9） 同『ソヴェト塑像』明倫閣，1948年
（10） 大竹博吉『ソヴェト・ロシアの實相を語る』平凡社，1933年
（11） 同『新露西亜風土記』章華社，1934年
（12） 中平亮『赤色露國の一年』大阪朝日新聞社，1921年
（13） 同『赤色ロシヤの嘘』天人社，1931年
（14） 丸山政男『ソヴェート通信』羽田書店，1941年
（15） 前芝確三『蘇聯記――独蘇開戦前後』中央公論社，1942年
（16） 畑中政春『ソヴェトといふ國』朝日新聞社，1947年

第1章

第1節

（1） 全聯邦共産党中央委員会附属委員会編『全聯邦共産党小史』大雅堂，1946年（原著1938年）
（2） L・トロツキー『ロシア革命史』全3冊，角川文庫，1972-73年（原著1930年）
（3） P. N. Miliukov. *Istoriia vtoroi russkoi revoliutsii*. Sofia, 1921-1923.
（4） A・F・ケレンスキー『ケレンスキー回顧録』恒文社，1967年（原著1965年）
（5） N. N. Sukhanov. *Zapiski o revoliutsii*, 3 toma. Moskva, 1991-1992.
（6） ジョン・リード『世界をゆるがした十日間』上・下，岩波文庫，1957

年(原著 1919 年)
(7) 猪木正道『ロシア革命史：社会思想史的研究』白日書院，1948 年
(8) E・H・カー『ボリシェヴィキ革命 1917-1923』全 3 巻，みすず書房，1967，71 年(原著 1950 年)
(9) フォン・ラウエ『ロシア革命論』紀伊國屋書店，1969 年(原著 1964 年)
(10) Alexander Rabinowitch, *The Bolsheviks Come to Power: The Revolution of 1917 in Petrograd*, New York, 1976.
(11) リチャード・パイプス『ロシア革命史』成文社，2000 年(原著 1990 年)
(12) 江口朴郎編『ロシア革命の研究』中央公論社，1968 年
(13) 長尾久『ロシヤ十月革命の研究』社会思想社，1973 年
(14) 辻義昌『ロシア革命と労使関係の展開 1914-1917』御茶の水書房，1981 年
(15) 藤田勇『ソビエト法史研究』東京大学出版会，1982 年
(16) ロイ・メドヴェージェフ『10 月革命』未来社，1989 年(原著 1979 年)
(17) ロバート・サーヴィス『ロシア革命 1900-1927』岩波書店，2005 年(原著 1999 年)
(18) V. Buldakov. *Krasnaia Smuta: Priroda i posledstviia revoliutsionnogo nasiliia*. Moskva, 1997.
(19) 長谷川毅『ロシア革命下ペトログラードの市民生活』中公新書，1989 年
(20) 和田春樹の多数の著作のうち，以下の 3 つは重要である．
○岩波講座『世界歴史』24(1970 年)所収の「十月革命」等 4 論文
○「ロシア革命に関する考察」『歴史学研究』第 513 号(1983 年 2 月)
○『歴史としての社会主義』岩波新書，1992 年
第 2 節
(1) 平田久『露西亜帝国』民友社，1895 年
(2) 島田三郎『日本と露西亜』警醒社，1900 年
(3) 和田春樹『ニコライ・ラッセル：国境を越えるナロードニキ』下，中央公論社，1973 年
(4) バールィシェフ・エドワルド『日露同盟の時代 1914～1917 年：「例外的な友好」の真相』花書院，2007 年
(5) 荒木貞夫「第一次世界大戦日記」(1915 年 6 月 28 日-1916 年 7 月 27 日)，

東京大学法学部近代法政史料センター，第一期文書，リール 3，I-49
（6） 教育学術研究会編『露國研究』同文舘雑誌部，1916 年
（7） 大庭柯公「新露西亜の政治」，『亜細亜時論』1-3(1917 年)
（8） 『露西亜評論』1918 年 3 月，特集「露國の革命に就いて」
（9） 大庭の(8)以降の論文(発表順)
○「レーニン」(1918 年 10 月)，『柯公全集』5，大空社，1995 年
○「露西亜研究の一二の方法」，『露西亜研究』1919 年 3 月
○「国民性に基く露国研究」(1919 年 9 月)，『柯公全集』5
○「革命は露国農民の覚醒から」(1919 年 9 月)，『露國及露人研究』
○「露国革命は誰が起したか」(1920 年講演)，『露國及露人研究』
○「革命を齎した露国の社会相」(1921 年 2 月)，『露國及露人研究』

第 2 章

第 1 節

（1） 藤本和貴夫『ソヴェト国家形成期の研究：1917-1921』ミネルヴァ書房，1987 年
（2） 原暉之『シベリア出兵：革命と干渉 1917-1922』筑摩書房，1989 年
（3） 梶川伸一『飢餓の革命：ロシア十月革命と農民』名古屋大学出版会，1997 年
（4） 同『ボリシェヴィキ権力とロシア農民：戦時共産主義下の農村』ミネルヴァ書房，1998 年
（5） 同『幻想の革命：十月革命からネップへ』京都大学学術出版会，2004 年
（6） 池田嘉郎『革命ロシアの共和国とネイション』山川出版社，2007 年
（7） 富田武「戦間期のロシア内戦像―スターリン化とその矛盾―」『内戦をめぐる政治学的考察』(年報政治学 2000)，岩波書店
（8） Barbara Evans Clements, *Bolsheviki Women*, Cambridge University Press, 1997.
（9） I. I. Doltskii. *Grazhdanskaia voina v Rossii 1917-1921gg*. Moskva, 1992.
（10） P. A. Shevotsukov. *Stranitsy istorii grazhdanskoi voiny. Vzgliad cherez desiatiletiia*. Moskva, 1992.
（11） Fillip Mironov. *Tikhii Don v 1917-1921gg*. Moskva, 1997.

(12) V. I. Lenin. *Neizvestnye dokumenty. 1892–1922.* Moskva, 1999.
(13) V. Shishikin (ed.). *Sibirskaia vandeia: vooruzhennoe soprotivlenie kommunistticheskomu rezhimu v 1920 godu.* Novosibirsk, 1997.
(14) V. Danilov, T. Shanin. *Antonovshchina. Krestianskoe vosstanie v Tambovskoi gubernii v 1919–1921gg.* Tambov, 1998.
(15) A. Shubin. *Makhno i makhnoskoe dvizhenie.* Moskva, 1998.
(16) Oleg Goncharenko. *Byloe dvizhenie. Pokhod ot Tikhogo Dona do Tikhogo okeana.* Moskva, 2007.
(17) G. K. Gins. *Sibir', soiuzniki i Kolchak. Povorotnyi moment russkoi istorii 1918–1920: vpechatleniia i mysli chlena Omskogo Pravitel'stva.* Moskva, 2007.
(18) Ataman Semenov. *O sebe. vospominaniia, mysli i vyvody. 1904–1921.* Moskva, 2007.
(19) V. L. Larin. (pod red.). *Dal'nii Vostok Rossii v period revoliutsii 1917 goda i grazhdanskoi voiny.* Vladivostok, 1998.
(20) 麻田雅文『シベリア出兵：近代日本の忘れられた七年戦争』中公新書, 2016年

補節

(1) V・アルハンゲリスキー『レーニンと会った日本人：革命ロシアはどう報道されたか ドキュメント《歴史の30分》』サイマル出版会, 1987年(原著1980年)
(2) 久米茂『消えた新聞記者』雪書房, 1968年
(3) 山領健二「大庭柯公の行方」『史』(市川現代史懇話会), 1(1993)-11(1998年11月)
(4) Rossiiskii Gosudarstvennyi arkhiv sotsial'no-politicheskoi istorii, fond 495, opis' 280, delo 291, l. 2–3.
(5) 内藤民治談,『毎日新聞』1948年9月29日

第3章

第1節

(1) E. H. Carr, *The Interregnum, 1923–1924*, Macmillan, 1954.
(2) E・H・カー『一国社会主義：ソヴェト・ロシア史 1924–1926』全2巻,

みすず書房，1974，77 年(原著 4 巻，1958-64 年)
（3） E. H. Carr, *Foundations of a Planned Economy, 1926-1929*, 3 volumes (6 books), Macmillan, 1969-1978. ＊vol. 1 with R. W. Davies.
（4） M・ドッブ『ソヴェト経済史：1917 年以後のソヴェト経済の発展』上，日本評論社，1974 年
（5） R・ダニエルズ『ロシア共産党党内闘争史』上下，現代思潮社，1970 年
（6） 溪内謙『ソビエト政治史：権力と農民』勁草書房，1962 年
（7） 同『現代社会主義の省察』岩波現代選書，1978 年
（8） 中山弘正編著『ネップ経済の研究』御茶の水書房，1980 年
（9） V・P・ダニーロフ『ロシアにおける共同体と集団化』御茶の水書房，1977 年
(10) 奥田央『ソヴェト経済政策史：市場と営業』東京大学出版会，1979 年
(11) 同『コルホーズの成立過程：ロシアにおける共同体の終焉』岩波書店，1990 年
(12) 木村雅則『ネップ期国営工業の構造と行動：ソ連邦 1920 年代前半の市場経済導入の試み』御茶の水書房，1995 年
(13) 下斗米伸夫『ソビエト政治と労働組合：ネップ期政治史序説』東京大学出版会，1982 年
(14) 中井和夫『ソヴェト民族政策史：ウクライナ 1917～1945』御茶の水書房，1988 年
(15) 高橋清治『民族の問題とペレストロイカ』平凡社，1990 年
(16) 中嶋毅『テクノクラートと革命権力：ソヴィエト技術政策史 1917-1929』岩波書店，1999 年
(17) 松井康浩『ソ連政治秩序と青年組織：コムソモールの実像と青年労働者の社会的相貌 1917-1929 年』九州大学出版会，1999 年
(18) Wendy Z. Goldman, *Women, the State and Revolution: Soviet Family Policy & Social Life, 1917-1936*, Cambridge University Press, 1993.
(19) William B. Husband, *"Godless Communists": Atheism and Society in Soviet Russia, 1917-1932*, Northern Illinoi University Press, 2000.
(20) N. B. Lebina. *Povsednevnaia zhizn' sovetskogo goroda: Normy i anomalii*, 1920-1930 gody. SPb, 1999.
(21) Pavel Romanov i Elena Iarskaia-Smirnova. *Sovetskaia sotsial'naia politi-*

ka 1920–1930–kh godakh: ideologiia i povsednevnost'. Moskva, 2007.
(22) S. A. Pavliuchenkov i drugie. *Rossiia nepovskaia. Issledovaniia*. Moskva, 2002.

第4章

第1節

(1) G・ボッファ『ソ連邦史2：1927–1941』大月書店，1980年
(2) R・W・デイヴィス『社会主義的攻勢：ソヴェト農業集団化 1929–1930』上，御茶の水書房，1981年
(3) 溪内謙『上からの革命：スターリン主義の源流』岩波書店，2004年
(4) 塩川伸明『「社会主義国家」と労働者階級：ソヴェト企業における労働者統轄 1929–1933年』岩波書店，1984年
(5) 同『スターリン体制下の労働者階級：ソヴェト労働者の構成と状態 1929–1933年』東京大学出版会，1985年
(6) 下斗米伸夫『スターリンと都市モスクワ：1931–34年』岩波書店，1994年
(7) 奥田央『ヴォルガの革命：スターリン統治下の農村』東京大学出版会，1996年
(8) 富田武『スターリニズムの統治構造：1930年代ソ連の政策決定と国民統合』岩波書店，1996年
(9) R・A・メドヴェーデフ『共産主義とは何か：スターリン主義の起源と帰結』上下，三一書房，1973，74年
(10) I・M・マイスキー『三十年代』みすず書房，1967年
(11) E・H・カー『コミンテルンの黄昏：1930–1935年』岩波書店，1986年
(12) R・シュトレビンガー『20世紀最大の謀略　赤軍大粛清』学習研究社，1996年
(13) 平井友義『三〇年代ソビエト外交の研究』有斐閣，1993年
(14) 斎藤治子『リトヴィーノフ：ナチスに抗したソ連外交官』岩波書店，2016年
(15) W・クリヴィツキー『スターリン時代：元ソヴィエト諜報機関長の記録』みすず書房，1962年
(16) R・コンクェスト『スターリンの恐怖政治』上下，三一書房，1976年

(17) O・フレヴニューク『スターリンの大テロル：恐怖政治のメカニズムと抵抗の諸相』岩波書店，1998 年

(18) 松井康浩『スターリニズムの経験：市民の手紙・日記・回想録から』岩波書店，2014 年

(19) アンナ・ラーリナ『夫ブハーリンの想い出』上下，岩波書店，1990 年

(20) R. W. Davies, *The Industrialization of Soviet Russia*, 1–4, 1929–1933, Macmillan, 1980, 1989, 1996.

(21) R. W. Davies & S. G. Wheatcroft, *The Years of Hunger: Soviet Agriculture, 1931–1933*, London, 2004.

(22) Jonathan Haslam, *Soviet Foreign Policy, 1930–1933: The Impact of the Depression*, Macmillan, 1983.

(23) J. Haslam, *The Soviet Union and the Struggle for Collective Security in Europe, 1933–39*, Macmillan, 1984.

(24) J. Arch Getty, *Origins of the Great Purges: The Soviet Communist Party Reconsidered, 1933–1938*, Cambridge University Press, 1985.

(25) Donald Filtzer, *Soviet Workers and Stalinist Industrialization: The formation of modern Soviet production relations, 1928–1941*, Pluto Press, 1986.

(26) L. H. Siegelbaum, *Stakhanovism and the Politics of Productivity in the USSR, 1935–1941*, Cambridge University Press, 1988.

(27) Hiroaki Kuromiya, *Stalin's Industrial Revolution: Politics and Workers, 1928–1932*, Cambridge University Press, 1988.

(28) Stephen Kotkin, *Magnetic Mountain: Stalinism as a Civilization*, University of Carifornia Press, 1995.

(29) Sheila Fitzpatrick, *Stalin's Peasants: Resistance & Survival in the Russian Village after Collectivization*, Oxford University Press, 1994.

(30) Lynne Viola, *Peasant Rebels under Stalin: Collectivization and the Culture of Peasant Resistance*, Oxford University Press, 1996.

(31) S. Fitzpatrick, *The Cultural Front: Power and Culture in Revolutionary Russia*, Cornell University Press, 1992.

(32) S. Fitzpatrick, *Everyday Stalinism Ordinary Life in Extraordinary Times: Soviet Russia in the 1930s*, Oxford University Press, 1999.

(33) R. W. Thurston, *Life and Terror in Stalin's Russia, 1934-1941*, Yale University Press, 1996.

(34) Sarah Davies, *Popular Opinion in Stalin's Russia. Terror, Propaganda, and Dissent, 1934-1941*, Cambridge University Press, 1997.

(35) Wendy Z. Goldman, *Terror and Democracy in the Age of Stalin: The Social Dynamics of Repression*, Cambridge University Press, 2007.

(36) O. V. Khlevniuk. *Politbiuro: mekhanizm politicheskoi vlasti v 1930-e gody*. Moskva, 1996.

(37) Viktor Kondrashin. *Golod 1932-1933 godov: Tragediia Rossiiskoi Derevni*. Moskva, 2008.

(38) S. Zhuravlev, M. Mukhin. *<Krepost' sotsializma>: Povsednevnost' i motivizatsiia truda na sovetskom predpriiatii, 1928-1938 gg*. Moskva, 2004.

(39) Z. Sheinis. *Maksim Maksimovich Litvinov: revoliutsioner, diplomat, chelovek*. Moskva, 1989.

(40) A. Kolpakidi i Elena Prudnikova. *Dvoinoi zagovor Stalin i Gitler: nesostoiavshiesia putchi*. Moskva, 2000.

補節

（1） M. Gor'kii i dr. (pod red.). *Belmorsko-Baltiiskii Kanal imeni Stalina*. Moskva, 1934.

（2） O. V. Khlevniuk i drugie (pod red.). *GULAG: Ekonomika prinuditel'nogo truda*. Moskva. 2008.

（3） E. Bacon, *The GULAG at war: Stalin's Forced Labor System in the Light of the Archives*, London, Macmillan, 1999.

（4） ジャック・ロッシ『ラーゲリ 強制収容所 註解事典』恵雅堂出版，1996年

（5） S・クルトワ，N・ヴェルト『共産主義黒書：犯罪・テロル・抑圧〈ソ連篇〉』恵雅堂出版，2001年

（6） アン・アプルボーム『グラーグ：ソ連集中収容所の歴史』白水社，2006年

（7） A・ソルジェニーツィン『収容所群島：1918-1956 文学的考察』1, 2, 新潮社，1974年

（8） V・シャラーモフ『極北コルィマ物語』朝日新聞社，1999年

（9） 勝野金政『凍土地帯：スターリン粛清下での強制収容所体験記』吾妻書

房，1977年
(10) 寺島儀蔵『長い旅の記録：わがラーゲリの20年』日本経済新聞社，1993年
(11) 富田武『戦間期の日ソ関係：1917-1937』岩波書店，2010年
(12) 同『シベリア抑留：スターリン独裁下，「収容所群島」の実像』中公新書，2016年

第5章

〈大戦前〉
(1) 斎藤治子『独ソ不可侵条約：ソ連外交秘史』新樹社，1995年
(2) V. Ia. Sipols. *Diplomaticheskaia bor'ba nakanune vtoroi mirovoi voiny* (2-oe izd.). Moskva, 1989.
(3) Mikhail Mel'tiukhov. *Upushchennyi shans Stalina. Sovetskii Soiuz i bor'ba za Evropu: 1939-1941*. Moskva, 2000.
(4) Gabriel Gorodetskii. *Rokovoi samoobman. Stalin i napadenie Germanii na Sovetskii Soiuz*. Moskva, 1999.
(5) Aleksandr Nekrich. *1941, 22 iiunia* (2-e izd.). Moskva, 1995.
(6) Keith Sword (ed.), *The Soviet Takeover of the Polish Eastern Provinces, 1939-41*, Macmillan, 1991.
(7) ヴィクトル・ザスラフスキー『カチンの森：ポーランド指導階級の抹殺』みすず書房，2010年
(8) 杉原幸子『六千人の命のビザ：ひとりの日本人外交官がユダヤ人を救った』朝日ソノラマ，1990年
(9) O. A. Rzheshevskii, O. Vekhviliainen. *Zimniaia voina 1939-1940*. kniga 1, politicheskaia istoriia. Moskva, 1998.
(10) 鄭棟柱『カレイスキー：旧ソ連の高麗人』東方出版，1998年
〈独ソ戦争〉
(1) V. A. Zolotarev (pod red.). *Russkii arkhiv. Velikaia otechestvennaia. 13.* Moskva, 1996.
(2) O. A. Rzheshevskii (pod red.). *Velikaia otechestvennaia voina, 1941-1945. Sobytiia. Liudi. Dokumenty: Kratkii istoricheskii spravochnik*. Moskva. 1990.

（3） Nikolai Shefov. *Vtoroia mirovaia 1939–1945. Istoriia velikoi voiny.* Moskva, 2010.

（4） B. I. Zhiliaev, V. I. Savchenko. *Sovetsko-amerikanskie otnosheniia 1939–1945* (Rossiia XX vek Dokumenty). Moskva, 2004.

（5） D・M・グランツ，J・M・ハウス『「詳解」独ソ戦全史：最新資料が明かす「史上最大の地上戦」の実像 戦略・戦術分析』学習研究社，2003年

（6） T・スナイダー『ブラッドランド：ヒトラーとスターリン 大虐殺の真実』上下，筑摩書房，2015年

（7） 永岑三千輝『ドイツ第三帝国のソ連占領政策と民衆：1941-1942』同文舘出版，1994年

（8） 同『独ソ戦とホロコースト』日本経済評論社，2001年

（9） A・ビーヴァー『スターリングラード：運命の攻囲戦 1942-1943』朝日新聞社，2002年

（10） V. V. Pavlov. *Stalingrad: mify i real'nost'* . SPb, 2003.

（11） Jochen Hellbeck, *Stalingrad: The City that Defeated the Third Reich*, New York, 2015 (Original in German, 2012).

（12） Lisa A. Kirshenbaum, *The Legacy of the Siege of Leningrad, 1941–1995. Myth, Memories, and Monuments*, Cambridge University Press, 2006.

（13） L. Grenkevich, *The Soviet Partisan Movement 1941–1944*, London, 1999.

（14） K. A. Aleksandrov i dr (pod red.). *Pod nemtsami. Vospominaniia, svidetel'stva, dokumenty*. Sankt-Peterburg, 2011.

（15） Catherine Andreyev. *Vlasov and the Russian Liberation Movement. Soviet reality and émigré theories*, Cambridge University Press, 1987.

（16） K. M. Aleksandrov. *Protiv Stalina. Vlasovtsy i vostochnye dobrovol'tsy vo Vtoroi mirovoi voine*. SPb, 2003.

（17） A. E. Zabelin, V. I. Kolotaev. *Kollaboratsionism v Sovetskom Soiuze. Spravochnik po fondam RGVA*. Moskva, 2014.

（18） Mark Edele, *Stalin's Defectors: How Red Army Soldiers became Hitler's Collaborators, 1941–1945*, Oxford University Press, 2017.

（19） A・ビーヴァー『赤軍記者グロースマン：独ソ戦取材ノート 1941-45』白水社，2007年

(20) C・メリデール『イワンの戦争：赤軍兵士の記録 1939-45』白水社, 2012 年
(21) 富田武『シベリア抑留：スターリン独裁下,「収容所群島」の実像』中公新書, 2016 年

〈戦時の国家・社会〉

(1) Mark Harrison, *Soviet Planning in Peace and War 1938-1945*, Cambridge University Press, 1985.
(2) John Barber & Mark Harrison, *The Soviet Home Front 1941-1945: a social and economic history of the USSR in World War II*, Longman, 1991.
(3) Steven Meritt Miner, *Stalin's Holy War: Religion, Nationalism, and Alliance Politics, 1941-1945*, The University of North Carolina University Press, 2003.
(4) Marius Broekmeyer, *Stalin, the Russians, and their War 1941-1945*, The University of Wisconsin Press, 2004.
(5) A. Ia. Livshin, I. B. Orlov. *Sovetskaia povsednevnost' i massovoe soznanie 1939-1945*. Moskva, 2003.
(6) Pavel Polian. *Ne po svoei vole —. Istoriia i geografiia prinuditel'nykh migratsii v SSSR*. Moskva, 2001.
(7) N. F. Bugai. *Deportatsiia narodov Kryma. Dokumenty, fakty, komentarii*. Moskva, 2002.
(8) A. B. Roginskii (pod red.). *Nakazannyi narod. Repressii protiv rossiiskikh nemtsev*. Moskva, 1999.
(9) N. F. Bugai, A. M. Gonov. *Kavkaz: narody v eshelonakh (20-60-e gody)*. Moskva, 1998.
(10) V. N. Zemskov. *Vozvrashchenie sovetskikh peremeshchennykh lits v SSSR. 1944-1952 gg*. Moskva/Sankt-Peterburg, 2016.
(11) S・アレクシエーヴィチ『戦争は女の顔をしていない』岩波現代文庫, 2016 年(原著 1985 年)
(12) 同『ボタン穴から見た戦争：白ロシアの子供たちの証言』岩波現代文庫, 2016 年(原書 1985 年)
(13) エレーナ・ムーヒナ『レーナの日記：レニングラード包囲戦を生きた少女』みすず書房, 2017 年(原著 2015 年)